Atrévete a rediseñar tu vestuario

Editorial Gustavo Gili, SL
Via Laietana 47, 2º, 08003 Barcelona, España. Tel. (+34) 933228161
Valle de Bravo 21, 53050 Naucalpan, México. Tel. (+52) 5555606011

FRAU JONA&SON

Atrévete a rediseñar tu vestuario

Ideas creativas para darle una nueva vida a tu ropa

GGDIY

Título original: *ReDesign. Neues nähen aus alten Kleidern*. Publicado originariamente por Haupt Bern en 2016

Texto, proyectos e ilustraciones. Sonja Wöhrenschimmel-Wahl
Fotografías: Christina Diwold

Traducción: Núria Masdéu
Documentación del Anexo para esta edición: Laia Beltran
Diseño gráfico: Toni Cabré/Editorial Gustavo Gili, SL

Printed in Spain
ISBN: 978-84-252-3063-9
Depósito legal: B. 27.891-2017
Impresión: Gráficas 94, Sant Quirze del Vallès (Barcelona)

Editorial Gustavo Gili, SL
Via Laietana 47, 2.°, 08003 Barcelona, España. Tel. (+34) 93 322 81 61
Valle de Bravo 21, 53050 Naucalpan, México. Tel. (+52) 55 55 60 60 11

Contenido

Introducción

Diseñé mi primera falda a los seis años. Para conseguir la tela que necesitaba para confeccionarla, tuve que cortar una bata nueva de mi madre. Ese fue mi debut en el mundo del rediseño... A partir de ahí, empecé a usar sábanas viejas para hacer vestiditos a mis muñecas y acabé tejiendo mi propio jersey. A los 18 años empecé a ir a mercadillos y enseguida me di cuenta de que realmente eran una fuente inacabable de todo tipo de telas; el lugar perfecto para mí y mi pasión por la costura.

Supongo que te estarás preguntando por qué me hacía mi propia ropa en aquella época. Pues bien, hubo tres factores decisivos. El primero, que simplemente me gustaba coser y tejer. El segundo, que quería llevar prendas que no tuviera nadie más. Y el tercero y último, que mi bolsillo de estudiante daba para lo que daba; como mucho, podía permitirme ropa de segunda mano. Con la llegada de las primeras filiales de H&M y otras marcas similares, compré alguna que otra prenda básica en estas tiendas. Sin embargo, no consiguieron fidelizarme como clienta, porque la combinación de moda de masas y calidad deficiente no concuerda con mi idea de la moda.

Cuando estudiaba en la Universidad de las Artes y el Diseño Industrial de Linz, empezó a interesarme el tema del desaprovechamiento de recursos desde el punto de vista artístico. Concretamente, investigué el corto uso que damos a nuestras prendas de vestir. Estos estudios fueron la base de lo que más tarde sería mi ocupación principal, y dieron lugar en 1999 a mi primera colección de rediseños a partir de pantalones de hombre y jerséis de lana. A partir de ese momento, el factor ecologista se sumó definitivamente a los otros factores que me motivaban y que siguen haciéndolo a día de hoy: la pasión por la individualidad y la creatividad, y la satisfacción que produce hacerse la ropa una misma.

Tras trabajar unos años como diseñadora en plantilla y tener a mis dos hijos, mi familia y yo empezamos a tener un estilo de vida cada vez más consciente y crítico con el consumismo.

Lo que me llevó de nuevo a plantearme el rediseño, pero esta vez de una forma más avanzada desde el punto de vista estético. De hecho, creo que los artículos confeccionados a partir de ropa vieja deberían parecer igual de bonitos y de la misma calidad.

A mi entender, la nueva prenda solo debía dejar entrever, con un guiño irónico, los rasgos característicos de la prenda original. En otras palabras, para mí lo importante era destacar lo especial de la prenda, y no simplemente crear ropa llamativa.

La magia se produce, por ejemplo, cuando transformamos una camisa vieja que solía llevar nuestro marido o nuestro padre en una preciosa blusa, y esta se convierte en una de nuestras prendas favoritas. Es justamente esa fascinación la que siento a menudo en mi trabajo, y la que sienten las mujeres que participan en mis talleres. Esa pequeña y gran revelación que se siente al crear algo nuevo y especial a partir de una prenda vieja.

Tras trabajar unos años como diseñadora en plantilla y tener a mis dos hijos, mi familia y yo empezamos a tener un estilo de vida cada vez más consciente y crítico con el consumismo.

Con este libro, mi intención es hacerte entrega de la varita mágica. Para que funcione, solo necesitarás dos cosas: la primera, que te guste hacer cosas a mano, y la segunda, una mente abierta para observar y examinar con nuevos ojos. Obviamente, para experimentar con las creaciones que propone el libro también deberás dedicarle tiempo. No solo encontrarás un montón de ideas para tus nuevos diseños, sino también muchísima información e inspiración. Descubrirás, por ejemplo, cómo vestir chic sin participar en las injusticias del mundo de la producción de ropa. Porque no hay duda de que crear tu propia ropa y ponértela tiene un impacto en tu vida y puede cambiarla para siempre.

Disfruta de la lectura de *Atrévete a rediseñar tu vestuario.*

El rediseño, o transformación de ropa, es prácticamente magia; si se domina el arte, claro.

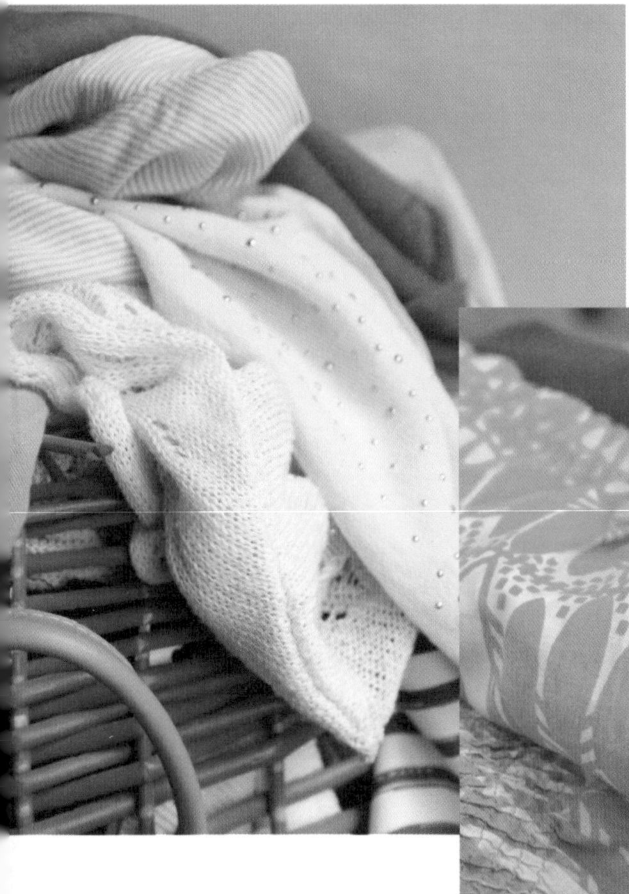

Acerca del libro

El siguiente paso será clasificar la ropa y distribuirla en varias cajas. Después, analizaremos colores y formas. Y, por último, nos centraremos en la caja n.º 3 y nos pondremos manos a la obra. A partir de aquí, es cuestión de dejarse llevar.

Aunque no tengamos claro cuál es nuestro destino, una cosa es segura: cuando has vuelto a colgar todas tus preciadas prendas en el armario, ya no eres la misma persona que antes. Te preguntarás cómo me atrevo a hacer tal afirmación. Pues bien, la respuesta es muy sencilla, has puesto un pie en el mundo de la creación y te has abierto a nuevos conocimientos. Eso no solo cambiará tu vestuario, te cambiará a ti como persona.

Con este libro podrás crear fantásticas prendas aunque no tengas muchos conocimientos previos sobre confección. La costura es una técnica y, como tal, se puede aprender. Y, en cierto modo, podemos decir lo mismo de la creatividad. No importa lo bien que te hayan quedado las primeras pruebas ni el nivel de perfección del diseño y las puntadas; lo importante es comenzar. Otro punto importante que tener en cuenta: no te sometas a la presión innecesaria de querer confeccionar ropa que parezca comprada, porque ese no es nuestro objetivo.

He escrito este libro para demostrar que es posible crear tus propios *looks* con estilo sin quedarte en números rojos. Además, si tenemos en cuenta que según las estadísticas aproximadamente un 80 % de la ropa que tenemos en el armario la usamos poco o muy de vez en cuando, y que en realidad solo nos ponemos regularmente un 20 %, no hay duda del sinfín de posibilidades que nos ofrecen esas prendas que están acumulando polvo en el armario. Sin embargo, el armario no es tu única fuente de materiales. En el libro te presento tres recursos más, y ninguno de ellos tiene nada que ver con ropa fabricada de forma convencional y ropa nueva, sino todo lo contrario. Es ropa de segunda mano, ropa rediseñada y ropa ecológica fabricada de forma justa.

Este libro es como un viaje, y el punto de partida es tu armario: lo pondremos patas arriba, examinaremos su contenido y lo vaciaremos por completo.

La sección del libro dedicada a los proyectos está repleta de diferentes modelos que por lo general presentan formas sencillas. Esta filosofía, por una parte, permite que las principiantes también puedan conseguir fantásticos resultados y, por la otra, está relacionada con el mensaje que transmiten las prendas sencillas. En mi opinión, un corte nítido hace destacar a quien luce la prenda. Sin olvidar el acabado de la superficie de la tela —mi tema favorito—, que despliega todo su potencial en las formas sencillas. Usaremos un montón de técnicas para convertir una aburrida prenda básica en una prenda de diseño: desde detalles hasta la creación de formas mediante presión y drapeado, pasando por el juego de colores. De hecho, un buen armario se basa en esta idea: hay que tener algunos artículos de diseño y combinarlos con prendas básicas para completar los *looks*.

Al empezar a experimentar con la máquina de coser, estamos tomando el control de la configuración de nuestro armario. Nos convertimos en nuestra propia diseñadora, con lo

cual dejamos de depender tanto de las tendencias y de sentir esa necesidad de consumir. Por tanto, el tiempo que dedicamos a la confección es tiempo bien invertido.

Por otra parte, no debemos olvidar que confeccionar ropa también tiene una utilidad. Hoy en día muchos consideran que hacer cosas a mano es una actividad de lujo, una bonita forma de invertir el tiempo libre. Qué rápido han olvidado la necesidad que había hace años de hacerse la ropa uno mismo, cuando todavía no existían las tiendas de descuentos. Solo hace falta que nos remontemos algunos siglos atrás, cuando nuestras abuelas y bisabuelas cosían, tejían y remendaban ellas mismas las prendas de vestir. Antes la ropa se la hacía uno mismo, y las prendas se utilizaban hasta que realmente no se podía sacar más provecho de ellas. De una camisa del padre se hacían blusas para las hijas, y en algún momento esas blusas acababan transformándose en trapos para limpiar. El hecho de que actualmente podamos comprar ropa a muy buen precio es uno de los motivos por el que ya no nos planteamos arreglarla. Aunque, igual que antaño, todo ello signifique ahorrar en recursos y establecer un vínculo con lo que llevamos puesto.

Al empezar a experimentar con la máquina de coser, estamos tomando el control de la configuración de nuestro armario.

Para mí es un placer compartir mis conocimientos, mis ideas y mis consejos contigo, porque estoy segura de que la verdadera felicidad está en hacerse las cosas uno mismo. Ahora solo espero que este libro te proporcione las ideas necesarias para hacer salir la creatividad que llevas dentro y sacar provecho a tu máquina de coser, y que no tengas más remedio que buscar esas prendas que están acumulando polvo en tu armario y transformarlas. ¡Déjate sorprender y disfruta del viaje!

Al empezar a experimentar con la máquina de coser, estamos tomando el control de la configuración de nuestro armario.

1. Fundamentos

Cuatro recursos para mejorar tu vestuario

¿Quién no se ha encontrado alguna vez de pie delante del armario, mirando el montón de ropa y sin encontrar nada para la ocasión? "No tengo qué ponerme", nos atrevemos a decir aunque el armario esté lleno a más no poder.

Lo cierto es que aunque, el armario esté repleto de ropa, tenemos prendas que no combinan para nada y que hemos ido comprando a lo largo de los años por puro capricho. Por otra parte, nuestra situación vital va cambiando y, por tanto, nuestro armario también debería hacerlo. Lo que cuenta son las necesidades que tenemos actualmente, no las del pasado.

¿Qué tipo de vida tienes ahora? ¿Has acabado los estudios y estás a punto de empezar en tu primer trabajo? ¿Acabas de ser madre y te has reincorporado a la vida laboral? ¿O te acabas de jubilar? Las madres jóvenes suelen buscar ropa más bien práctica y de cuidado fácil. Las universitarias optan por prendas más elegantes para su nuevo trabajo. De hecho, cambiar de trabajo también puede requerir un cambio de armario, si la nueva profesión implica un cambio rotundo de actividad. Aparte de la vida profesional, también hay que tener en cuenta nuestra vida privada, nuestro día a día. En función de nuestros intereses y aficiones tendremos estilos distintos: llevaremos unas determinadas prendas, que estarán confeccionadas con telas de diferentes tipos.

Por tanto, ha llegado la hora de hacerte la pregunta del millón: ¿el contenido de tu armario cubre todas esas necesidades? Si la respuesta es negativa, no te queda otra opción que aceptar que debes renovarlo. Sin embargo, esta renovación no tiene por qué salirte cara ni ser perjudicial para el medioambiente. Si quieres que tu vestuario sea exclusivo, no busques la solución en la tienda de al lado. Puedes conseguir el armario perfecto de forma ecológica y sostenible.

Recurso n.º 1 – El armario

¿De dónde sacar algo nuevo? La mejor fuente —y la primera a la que debes recurrir— es tu propio armario. Normalmente lo tenemos lleno hasta arriba, y no solo de nuestras prendas favoritas, sino también de esa ropa que está acumulando polvo desde tiempos inmemoriales. Así que empecemos a ordenarlo un poco. Un armario bien organizado nos permite ser más eficientes a la hora de elegir qué ponernos cada mañana y, por tanto, ahorrar tiempo. Aunque no son pocos los motivos para conservar prendas de vestir, en esta sección propongo que nos despidamos de ese sentimiento de apego.

Intenta ser lo más objetiva posible con respecto a tu ropa. ¿Qué prendas son realmente importantes para ti? ¿Qué prendas están ocupando sitio en el armario y no te las has puesto desde hace siglos? Quédate solo con las que sean realmente importantes; el método de las cinco cajas te ayudará a conseguir este objetivo. Pero de momento centrémonos en los objetivos más inmediatos: clasificar, organizar y recomponer.

Clasificar

Consigue cinco cajas grandes. No te compliques. Ve a la tienda de al lado y seguro que tienen alguna. El siguiente paso es vaciar el armario y clasificar las prendas en las distintas cajas como te indico a continuación:

Caja n.º 1 — Pon aquí tus prendas favoritas que te pones a menudo.

Caja n.º 2 — Pon aquí tus prendas favoritas que necesiten algún arreglo.

Caja n.º 3 — En esta caja irán las prendas que se puedan transformar con un poco de creatividad en una prenda de más valor, lo que llamamos *upcycling*. ¿Que tienes una camiseta que te parece demasiado aburrida? ¿Y la falda tres cuartos de lo mismo? Una transformación puede hacer milagros. En esta caja pon también prendas cuyo material te guste, aunque el diseño en sí no te convenza. Así podrás aprovechar la tela. La caja n.º 3 es también el lugar para las ideas, los restos de tela y los accesorios.

Normalmente tenemos el armario lleno hasta arriba, y no solo de nuestras prendas favoritas, sino también de esa ropa que está acumulando polvo desde tiempos inmemoriales. Así que empecemos a ordenarlo un poco.

Caja n.º 4 — Pon aquí las prendas que te arrepientes de haber comprado, así como la ropa que esté en buen estado pero que te vaya demasiado grande o pequeña. Pon también la ropa que ya no uses.

Caja n.º 5 — ¿Tienes prendas bonitas que no te pones nunca, pero no quieres deshacerte de ellas? Este es su sitio.

Organizar

Ya tenemos el armario vacío, pero el suelo de la habitación está lleno de cajas. Pues bien, ahora se trata de volver a colocar prenda por prenda en el armario para tenerlo bien organizado.

Caja n.º 1 — Las prendas favoritas vuelven al armario
Vuelve a colgar las prendas en el armario (después de haberlo limpiado, claro). Utiliza perchas del mismo tipo y de buena calidad; así dará la impresión de que el contenido del armario está mucho más ordenado.

Caja n.º 2 — Prendas que tienes que arreglar
Te recomiendo ocuparte de esta caja lo antes posible. Siempre es mejor empezar por lo que hay que arreglar o delegar las tareas más complicadas, te lo digo por experiencia. Si no te quieres pasar seis meses mirando la caja n.º 2 con remordimientos de conciencia mientras se sigue llenando misteriosamente, tendrás que urdir un plan lo antes posible. Resérvate una o dos tardes y ponte manos a la obra con diversas tareas que puedas quitarte de encima fácilmente. Te prometo que te sentirás mejor. ¡Ya lo verás!

Caja n.º 3 — Prendas que vas a reciclar
¿Has recopilado algo de ropa en esta caja? ¡Fantástico! Ya puedes empezar a transformarla o incluso confeccionar artículos completamente nuevos a partir de ella. Mi consejo: no guardes demasiadas cosas. Las personas creativas suelen tener este impulso, porque en realidad se puede sacar algo útil de la mayoría de prendas. Será mejor que no te cuente cuántas cajas n.º 3 he tenido yo misma...

Por eso te aconsejo que vayas con cuidado, no vaya a ser que te aficiones demasiado a guardar cosas viejas para reaprovecharlas. Si ves que la caja no para de llenarse y que ya necesitas otra, te recomiendo que te apliques algo de disciplina.

Mi consejo: no guardes demasiadas cosas.

Caja n.º 4 — Intercambiar, vender y donar
Las prendas de esta caja están destinadas a abandonar tu casa. Cómo hacer llegar a otras mujeres esas prendas que ya no usas es cosa tuya. Dependerá de tu personalidad y del tiempo del que dispongas. Puedes regalar algunas prendas bonitas a una amiga o a tu hermana, o puedes organizar un evento para intercambiar ropa e invitar a tus amigas y vecinas.

A este tipo de eventos, cada persona debe llevar un mínimo de ocho artículos, que se cuelgan en perchas y se examinan. No obstante, debo advertirte que es posible que algunas de tus propias prendas vuelvan a parecerte bonitas en cuanto se las veas puestas a otra persona que esté encantada con su nueva adquisición. Si te puede la rabia por haberte deshecho de ella, que te sirva de consuelo saber que también tú tienes la oportunidad de hacerte con una bonita prenda en ese evento. Además, piensa una cosa: si esa prenda estaba en la caja n.º 4, ¡por algo será!

Otra opción es vender la ropa. Si eres de las que disfrutan comprando y vendiendo cosas por internet, te será más fácil vender tus prendas en línea. Si, en cambio, tienes alma (y labia) de vendedora, puedes plantearte ir por los mercadillos de tu zona. Si es tu caso, en el anexo encontrarás algunas direcciones útiles.

Por último, está la opción de donar la ropa. Si apuestas por esta alternativa, busca programas de ayuda o regala la ropa directamente a quien quieras. Ahora bien, debemos saber que solo una pequeña cantidad de la ropa que donamos a instituciones benéficas va a parar al mercado de segunda mano. La mayor parte de las donaciones se transforman en un producto llamado *mitumba* ('paquetes de ropa' en suajili) y recorren el mundo entero. Así que las prendas que donamos acaban vendiéndose, por ejemplo, en los mercados callejeros de Dar es Salaam (Tanzania), empaquetadas a presión en *mitumba*.

Caja n.º 5 — Sí a las segundas oportunidades
¿Qué pasa entonces con la ropa bonita que no te pones pero que tampoco quieres regalar? Párate a pensar otra vez. ¿Cuáles de esas prendas que tanto te gustan podrían volver a acabar en el armario? ¿O en la caja n.º 3, con las ideas creativas? Cuando hayas decidido qué prendas dejas definitivamente en la caja n.º 5, ciérrala y guárdala. Fíjate un periodo de prueba para comprobar si las echas en falta. Si durante ese tiempo ni te acuerdas de ellas, está claro que deben ir en la caja n.º 4.

Recomponer

Ahora el armario ya es otra cosa. Hay algunas prendas nuevas procedentes del evento de intercambio de ropa, y las prendas de la caja n.º 2 ya están arregladas y colocadas en su sitio. ¿Qué nos falta? ¿Algunas prendas básicas nuevas?

Las prendas básicas como los pantalones, las faldas, las blusas y las americanas son muy útiles y fáciles de llevar, por lo que deben ser de buena calidad y atemporales. Invierte en estas prendas con cabeza. Hay marcas de moda ecológicas como Grüne Erde o Hess Natur que ofrecen prendas básicas clásicas de gran calidad. También es posible que tengamos suerte en tiendas de segunda mano. Yo misma llevo algunos básicos sencillos que he comprado en este tipo de tiendas. Pero ha llegado la hora de permitirte algunas prendas vistosas y personalizadas que puedan aportar luz a este momento de tu vida. ¿Cómo conseguirlo? Muy sencillo, ve a por la caja n.º 3 y transforma la ropa que contiene. Si necesitas ayuda para rediseñarla, no te preocupes: si algo hay en este libro son ideas.

¿Qué pasa entonces con la ropa bonita que no te pones pero que tampoco quieres regalar?

Recurso n.º 2 – Rediseño

Reutilizar la ropa usada es una práctica respetuosa con el medioambiente que, además, alarga la vida de nuestras prendas. En Alemania se tiran anualmente unas 750.000 toneladas de prendas usadas a través de la recogida de ropa usada. En Austria se estima que actualmente la cifra es de 70.000 toneladas, y en Suiza una cantidad similar. Es muy difícil obtener cifras exactas sobre esta práctica. Según Greenpeace Alemania, en la actualidad los alemanes compran 60 prendas de vestir por persona al año, y las cifras de los consumidores más jóvenes son aún más altas. Y eso a pesar de que la producción de ropa en realidad es muy costosa: la confección de una camiseta sencilla de manga corta requiere más de 20 fases de trabajo.

Sin embargo, en las últimas décadas el precio que pagamos por la ropa no ha parado de bajar. El nacimiento de un sector textil que opera a escala global ha hecho posible esta bajada de precios, y a raíz de ello desde los años 70 se ha producido un cambio social en los países occidentales. Hemos pasado de ser una sociedad productora a ser una sociedad consumidora. La gran oferta y disponibilidad de ropa asequible suele inducir a comprar de forma impulsiva, aunque sea a costa de los trabajadores del sudeste asiático y de África. Ellos trabajan por unos salarios de miseria. Así que en realidad el consumo de ropa en Occidente sale muy caro, sin olvidar que desde el punto de vista ecológico también es un disparate.

Muchas de las prendas que se donan a los programas de recogida de ropa están en buen estado y se han usado como mucho un tercio del tiempo que podrían haberse aprovechado. Aproximadamente la mitad de las prendas donadas se venden; de ellas, un 5 % va a parar directamente al mercado de segunda mano. La mayor parte de las antiguas donaciones va a parar a manos de revendedores y vuelve a convertirse en mercancía. El resto acaba en el triturador de ropa y se transforma en trapos, placas aislantes y productos similares para la industria. Sin embargo, una buena parte de esa ropa no puede reutilizarse y su eliminación es costosa.

En consecuencia, el argumento de que hoy en día no tiene sentido confeccionar prendas a mano por la inversión de tiempo que requiere, y que es mejor comprarse la ropa nueva, queda invalidado por varias razones, no solo sociales y ecológicas, sino también creativas.

Reutilizar la ropa usada es una práctica respetuosa con el medioambiente que, además, alarga la vida de nuestras prendas.

¿Qué satisfacción puede proporcionar salir a la caza de una nueva ganga

› que solo te hace ilusión durante un tiempo,
› que se ha fabricado de forma muy cuestionable,
› que pronto acabará en un montón de basura cuya eliminación tendrá unos costes extremadamente altos,
› y cuyo diseño es idéntico al que llevan miles de personas?

¿Y lo bien que sienta hacer algo especial con tus propias manos? Además, lo mejor de todo es que este sentimiento de satisfacción perdura. Y si crees que eres la única que experimenta con el diseño, quítate la idea de la cabeza; hasta los mejores diseñadores apuestan por esta tendencia.

Rediseño: la base del diseño moderno

La tarea que llevan a cabo algunas marcas en la vertiente ecológica de la industria de la moda se basa en el rediseño. En su caso, el objetivo también se apoya en la idea del reciclaje artístico como alternativa ecológica y respetuosa con el medioambiente frente a la producción textil clásica.

Aparte de lo atractiva que resulta la idea de rediseñar y transformar prendas que nos encontramos por el armario, para muchos diseñadores también es interesante jugar con la historia de la prenda. El diseñador berlinés Daniel Kroh, por ejemplo, confecciona ropa para hombre a partir de ropa de trabajo. Sus americanas perfectas confeccionadas a partir de

pantalones de peto llenos de salpicaduras de pintura o los típicos monos azules son ejemplares únicos que tienen un gran éxito, y la prueba palpable de que el sentido de la moda, el humor, la aptitud para hacer cosas a mano y el comercio respetuoso con el medioambiente no son incompatibles.

La moda reciclada ya hace mucho que ha dejado atrás su fase experimental. Normalmente hay que mirar dos veces para darse cuenta de que una prenda está confeccionada a partir de ropa usada. Es entonces cuando aparece esa sensación de complicidad. La diversidad del innovador mundo del rediseño se ha acelerado en los últimos años. En términos de innovación destacan especialmente los diseñadores británicos, aunque los países de habla alemana han ganado mucho terreno en este ámbito durante los últimos años.

¿Y lo bien que sienta hacer algo especial con tus propias manos? Además, lo mejor de todo es que este sentimiento de satisfacción perdura.

Autoafirmación y experimentación

Con la ayuda de este libro podrás hacer tus pinitos en el mundo del rediseño, y lo mejor de todo es que no necesitas tener formación en este ámbito.

Encontrarás diseños con diferentes niveles de dificultad y para todos los gustos. Si te animas a probar con pequeños proyectos y empiezas, por ejemplo, cosiendo detalles en camisetas, pronto te atreverás a echar mano de las tijeras y probar con proyectos más grandes. No pasa absolutamente nada si no obtienes un resultado perfecto a la primera. De hecho, ¿qué significa 'perfección' en este contexto? ¿Una costura recta? ¿Una etiqueta con un nombre?

¿Qué significa 'perfecto'?

He podido comprobar que un porcentaje bastante alto de las mujeres que participan en mis talleres llegan allí con la idea de crear algo que parezca comprado. No te pongas esta presión.

Lo que no pueden ofrecer los productos fabricados en serie es precisamente la desviación respecto a las formas corrientes, ya sea un corte peculiar o una superficie trabajada, ¡y es ahí donde está la creatividad! Juega con los materiales, da forma a las superficies, aprovecha las casualidades y descubre el sinfín de posibilidades que te brindan las prendas. Si unos pantalones no te gustan, transfórmalos en una falda, en una camiseta o en un bolso. Con los detalles que presentan los pantalones, las camisas o las chaquetas pueden conseguirse diseños interesantísimos.

Y, por último, cada nueva prenda que crees puede llevar tu etiqueta personalizada. En el anexo encontrarás información sobre dónde conseguirlas.

No pasa absolutamente nada si no obtienes un resultado perfecto a la primera. De hecho, ¿qué significa 'perfección' en este contexto?

El valor de hacer cosas a mano

Cuando empiezas a hacer tu propia ropa, te conviertes en productora y dejas de depender de la industria. Creas cosas nuevas con tus propias manos y lo haces cuando quieres.

Si ves un *look* que te gusta en una revista, puedes usarlo como referencia y añadir tu toque personal a la prenda que crees. Combina tus nuevas creaciones con telas ecológicas. Cada vez hay más proveedores que ofrecen este tipo de producto en los países de habla alemana.

Si empiezas a llenar tu armario de ropa de calidad, tu comportamiento como consumidora cambiará y cada vez comprarás menos. Cuando uno cose su propia ropa, aprende a apreciar el valor de hacer las cosas a mano y es capaz de reconocer, además, que para fabricar una prenda barata, cuya única peculiaridad es que es nueva durante un tiempo, se utilizan recursos innecesarios.

Cuando uno cose su propia ropa, aprende a apreciar el valor de hacer las cosas a mano.

Recurso n.º 3 – Artículos de segunda mano y *vintage*

En los últimos años, el negocio de la ropa de segunda mano y *vintage* ha adquirido popularidad, atribuible en buena parte a la serie *Sexo en Nueva York*. La protagonista, Carrie Bradshaw, interpretada por la actriz Sarah Jessica Parker, se convirtió en un icono de estilo por su capacidad de combinar con éxito prendas antiguas y modernas. Y no es la única: las revistas de moda también suelen recurrir a prendas de otra época para crear *looks* atractivos. Sin embargo, no solo el glamuroso mundo de la alta costura puede permitirse experimentar con todas estas posibilidades: nuestro armario del día a día también puede beneficiarse de la ropa de segunda mano y *vintage*.

Las ventajas de la ropa de segunda mano

Es preferible desde un punto de vista ecológico

Nunca me canso de repetirlo: es mucha la energía que se necesita para producir una blusa o un pantalón, por lo que tiene sentido utilizar las prendas durante el máximo tiempo posible.

Es buena para la piel

La ropa de segunda mano es menos perjudicial para nuestra piel. Las prendas nuevas producidas de forma convencional contienen sustancias nocivas. En cambio, en las prendas usadas esas sustancias se han ido eliminando con los lavados.

Chic para todos los bolsillos

Es habitual encontrar pantalones, blusas o chaquetas de alta calidad que cuestan solo una fracción del precio original. Con la ropa de segunda mano, tener un buen armario está al alcance de cualquier mujer.

Combinar estilos: diversión garantizada

Permíteme que vuelva a mencionar a Carrie Bradshaw... Y es que crear diferentes *looks* combinando prendas individuales es divertido. Aunque debo reconocer que es algo que se tiene que aprender. Requiere tener sentido de la forma, del color y de la proporción, pero con observación y curiosidad hasta las menos expertas podrán cambiar su estilo.

Y es que crear diferentes *looks* combinando prendas individuales es divertido.

Espacio para la creatividad

¿Te gusta la falda que has visto en el mercadillo, pero te va demasiado larga? ¿Te gustaría hacer una prenda nueva con la tela de esa blusa? Muy fácil, solo tienes que transformar la prenda, lo que probablemente no harías con una nueva.

Las prendas de segunda mano son únicas

La ropa de segunda mano está muy de moda, sobre todo si es antigua. La ropa *vintage* es la vertiente más elegante de la ropa usada: irradia encanto y estilo. Además, demuestra conocimiento de la historia de la moda. Un *look* puede adquirir más valor si incluye una prenda de hace décadas, y aporta a quien lo lleva un toque adicional de sofisticación.

Cuando hablamos de ropa *vintage* nos referimos a la ropa de calidad que fue confeccionada entre 1920 y 1980. Si quieres lucir y experimentar con las prendas estrella de tu década favorita, encontrarás en internet un sinfín de sugerencias y proveedores.

La ropa *vintage* es la vertiente más elegante de la ropa usada: irradia encanto y estilo.

Los inconvenientes de la ropa de segunda mano

Es cuestión de suerte

Cuando las tiendas de ropa ofrecen las colecciones actuales de las marcas de moda, es muy fácil combinar unas prendas con otras, porque lo que buscamos suele estar disponible en varias tallas. Sin embargo, en los mercadillos y las tiendas de segunda mano nos podemos llevar algún que otro chasco, ya que generalmente la prenda en cuestión está disponible en una única talla. Si buscas algo en particular, como unos pantalones oscuros o una blusa roja muy concretos, es posible que no lo encuentres. A cambio, te irás a casa con otra prenda, te lo digo por experiencia. Tienes que aceptar que es cuestión de suerte. No todas las mujeres están dispuestas a embarcarse en la larga búsqueda de una prenda determinada, una búsqueda tan larga que puede durar semanas.

La ropa de segunda mano es ropa usada

A mucha gente no le gusta comprar ropa de segunda mano. No pueden concebir la idea de ponerse algo que ha llevado puesto otra persona. ¿Y tú, qué piensas?

Mi razonamiento es el siguiente: esta prenda de ropa no está hecha solo para mí. La ha llevado otra persona y ahora ha llegado a mis manos. Cuando no quiera ponérmela más, la puedo regalar o puedo crear algo nuevo a partir de ella. Todo fluye, incluida mi ropa. Además, tengo una lavadora para lavar mis nuevas adquisiciones con detergente. Quizá esta actitud te sirva para adentrarte en el mundo de la segunda mano.

Ropa de segunda mano: símbolo de un presupuesto limitado

Para muchos, llevar prendas de segunda mano es sinónimo de pobreza, y si vas vestida con este tipo de prendas, te miran con cierto recelo. Esta opinión está mucho más extendida en los entornos rurales que en la ciudad. Desde mi punto de vista, en los próximos años se producirá un gran cambio de opinión con respecto a esta cuestión, porque los argumentos ecológicos a favor de la ropa de segunda mano están ganando importancia. De hecho, ya está aumentando el número de personas en Europa que compra ropa usada.

Falta de atractivo de las superficies de venta

Si has estado en tiendas de segunda mando de Berlín, París o Zúrich sabes que pueden resultar muy atractivas para el comprador. Ahora bien, si nos alejamos de la metrópoli esta cualidad no suele apreciarse, lo que nos lleva al cliché de la típica tienda repleta de artículos que huele a humedad y en la que no esperas encontrar nada de valor. Lo importante es no desanimarse ante tal panorama y vivir la experiencia como un viaje de exploración. De una cosa estoy segura, quien tiene buena mano para presentar las prendas usadas de forma atractiva es capaz de captar la atención hasta de los clientes menos urbanitas y hacer que se detengan y se animen a comprar. Sobre todo en las zonas rurales, donde las tiendas de moda son más escasas, surge así una alternativa a los vendedores convencionales que está cobrando fuerza.

Recurso n.º 4 – Moda ecológica

La ropa es nuestra segunda piel. Nos cubre, nos da calor, nos hace sentir más guapas, más fuertes y nos protege de factores ambientales. Es lógico que queramos sentirnos bien en esa segunda piel, también desde un punto de vista ético y moral. ¿Pero qué es exactamente la moda ecológica y justa? Esta pregunta parece fácil, pero en realidad es difícil de responder, porque todas las formas de producción textil consumen recursos, sean ecológicas o no. El hecho de que una camiseta sencilla de manga corta requiera 20 fases de trabajo demuestra la importancia de la producción ecológica para reducir el impacto en las personas y el medioambiente.

Moda ecológica: la nueva tendencia

En los últimos años se ha disparado el interés de medios y consumidores por la moda ecológica. Esta tendencia repentina se debe, en parte, a la tarea de las ONG, que hacen públicas las escandalosas condiciones de trabajo que reinan en las fábricas textiles del sudeste asiático.

Por otra parte, la creciente búsqueda de individualidad y calidad prepara el terreno a las marcas de ropa que trabajan de forma ética y ecológica. Este movimiento ha adquirido más repercusión en los últimos diez años, aunque algunas marcas pioneras, como por ejemplo la empresa alemana Hess Natur, empezaron ya en los años 70 a producir ropa no nociva para la piel. Esta y otras empresas fundaron lo que llamamos 'moda ecológica', una tendencia que destaca por el uso de materiales naturales y cortes cómodos.

Actualmente encabezan el movimiento una joven generación de diseñadores cualificados y heterodoxos comprometidos con la causa, que no solo valoran el uso de telas libres de sustancias nocivas, sino también el componente social de la producción de ropa. Gracias a ellos se ha reavivado la producción textil en Europa. Suele tratarse de marcas de ropa emergentes y ambiciosas que dan trabajo a los últimos fabricantes de confección que quedan en su región. Además, delegan la costura a talleres artesanales e instituciones sociales, y si producen artículos en el sudeste asiático, en América del Sur o en África, lo hacen de forma justa.

Cuando necesites ropa nueva, cíñete a estas marcas. Actualmente, ofrecen artículos para todos los estilos, y no se limitan a la ropa, sino que también venden calzado. Las típicas camisetas con texto, cómodas prendas ecológicas de toda la vida, básicos atemporales, ropa reciclada con un toque de trabajo manual, o diseños internacionales: un sector y una oferta de lo más variados.

En los últimos años se ha disparado el interés de medios y consumidores por la moda ecológica.

Disponibilidad de la moda ecológica

Muchos medios hablan de marcas, desfiles y ferias sobre moda respetuosa con el medioambiente. Actualmente, la mayoría de las revistas de moda clásicas editan suplementos dedicados a la moda ecológica. Los famosos dan detalles sobre su estilo de vida ecológico y se dejan fotografiar en sus atuendos confeccionados con materiales naturales. Todo ello nos hace pensar que este tema ya forma parte de la normalidad en nuestra sociedad. Sin embargo, las cifras indican que el porcentaje de productos ecológicos del mercado textil global sigue siendo insignificante. De hecho, la proporción no llega ni al 10 %. A pesar de ello, los criterios sociales y ecológicos cobran cada vez más importancia para el consumidor medio; un proceso lento, pero constante. El precio bajo ya no es un factor tan decisivo para el comprador como lo era hace algunos años. Poco a poco, volvemos a estar dispuestos a pagar un poco más por la ropa.

Y si aumentan la demanda y la oferta, ya no podremos decir que "no sabemos dónde encontrar tiendas que vendan productos ecológicos", porque este argumento tan repetido en contra de la compra de moda ecológica podría perder todo su peso. Por cierto, en mi caso, las pocas prendas nuevas que me compro suelen ser de tiendas o de la WearFair & mehr de Linz, una de las ferias de moda y estilo de vida más importantes de los países de habla alemana. Estos lugares me permiten hacerme una buena idea de las marcas, sus modelos y los materiales que utilizan. Si es necesario, siempre puedo comprar las prendas por internet en otro momento, porque en caso de problemas de disponibilidad, por lo menos tenemos la compra en línea como plan B...

Si quieres obtener más información sobre la moda ecológica y justa, las marcas de moda, la producción textil, los certificados y cómo llevar un estilo de vida sostenible, encontrarás todo lo que buscas en internet. En este libro encontrarás un listado de las organizaciones, plataformas y blogs más importantes que tratan sobre este tema, cada uno a su manera. Concretamente, en el Anexo (página 136) he recopilado algunas direcciones interesantes por si quieres investigar más.

Reflexiones sobre la producción textil convencional

En general, las marcas de moda y empresas que trabajan de forma convencional no se preocupan especialmente por criterios sociales ni ecológicos y, sin embargo, el mundo de la moda está en sus manos. En esta sección he recopilado algunos puntos que ponen de manifiesto que apostar por la ropa ecológica y justa, el rediseño o los artículos de segunda mano es lo más sensato.

Compramos más de lo que necesitamos

La industria de producción textil convencional inunda el mercado de nuevos modelos en intervalos de tiempo cada vez más cortos. Hoy en día tenemos aproximadamente cuatro veces más ropa que en los años 70 y, sin embargo, en total hemos pagado menos dinero por ella. ¿Necesitamos realmente cada prenda que cuelga en nuestro armario o podemos considerar que algunas compras han sido por puro capricho? Lo cierto es que tanto el medioambiente como las personas que trabajan en la producción de ropa pagan un alto precio por ello. La producción de cada prenda requiere un gran consumo de energía. ¿Y todo para qué? ¿Para satisfacer un sentimiento pasajero? ¿Realmente vale la pena?

La industria de producción textil convencional inunda el mercado de nuevos modelos en intervalos de tiempo cada vez más cortos.

La toxicidad en la ropa

A veces nos convertimos en víctimas de nuestro propio consumo, por ejemplo, cuando experimentamos irritación en la piel y alergias. La causa de estas patologías son las sustancias químicas que se utilizan en la producción de ropa. La organización ambientalista Greenpeace se ha propuesto conseguir que las grandes marcas del mundo de la moda abandonen el uso de sustancias químicas tóxicas en la producción. La organización se ha fijado este objetivo después de que un análisis en busca de residuos químicos llevado a cabo hace años mostrase la presencia de sustancias tóxicas en todas las marcas, tanto en las caras como en las baratas. Zara, Tommy Hilfiger, C&A, Levi's, Benetton y muchas otras marcas se unieron a la campaña DETOX (*desintoxicar*) con el compromiso de fabricar su ropa sin usar sustancias tóxicas. Entretanto, más de 30 empresas han decidido dejar de usar sustancias tóxicas en la producción los próximos años, una cifra que comprende más o menos el 15 % del mercado textil global (a fecha de junio de 2015).

Coser puede poner en riesgo la vida

En los últimos años se han registrado miles de muertes en Bangladés y la India a causa de incendios, derrumbamientos y accidentes en talleres de confección. Muchas de las mujeres de estos talleres no solo trabajan con medidas de seguridad deficientes, en condiciones antihigiénicas en las empresas, con unos niveles de producción demasiado elevados y sanciones disciplinarias diarias, sino que también sufren agresiones sexuales y maltrato. A este respecto, la alianza internacional de sindicatos y activistas Asia Floor Wage Alliance (AFWA) lleva a cabo una importante tarea con el fin de mejorar la situación. Sin embargo, queda un largo camino por recorrer, porque los países productores no quieren oír hablar de cambios; de hecho, su intención es mantener su estatus como país atractivo para la inversión extranjera con salarios mínimos excesivamente bajos. En estos países, el salario mínimo legal está muy por debajo de los ingresos imprescindibles para tener una vida medianamente digna.

Por tanto, está en nuestras manos —las manos de los consumidores— conseguir implantar un modelo de producción más justo y respetuoso con el medioambiente a escala mundial. Y si crees que esto dispararía el precio de la ropa, echa un vistazo al desglose de precios de una camiseta que he sacado de la campaña Clean Clothes.

Del precio inicial de 29 euros, un 59 % corresponde al comercio local; un 12 % corresponde a la marca (es decir, marketing); el material cuesta un 12 % (o 3,48 euros); y el transporte, 2,19 euros. Tras deducir otros factores, al final queda un 0,6 % (apenas 18 céntimos) para pagar el salario de la costurera. No hay duda de que es posible mejorar los costes salariales sin que esto implique un gran encarecimiento del producto.

2. Inspiración

Colores: aspectos que tener en cuenta

Rojo claro, pistacho, cáscara de huevo, aguamarina... Las opciones de la paleta de colores son infinitas, y a lo largo de nuestra vida vamos definiendo nuestra selección favorita. Sin embargo, los colores no solo están relacionados con las preferencias de cada uno, sino que también tienen un componente que va más allá de lo individual.

Cada color produce un efecto específico común en todas las personas, causado por lo que llamamos temperatura del color. Los colores con un porcentaje más alto de rojo y amarillo nos parecen más cálidos que los que tienen una proporción mayoritaria de azul. Por eso hablamos de colores cálidos y fríos.

Antes, cada color se asociaba con un determinado temperamento; si quieres profundizar en este tema, infórmate sobre el simbolismo de los colores. Pero no hace falta ir tan lejos, porque en el día a día también experimentamos el efecto inmediato que tienen los colores sobre nosotros. Prueba a pasearte un día gris con un paraguas de colores bajo la lluvia. Verás que no solo cambia tu estado de ánimo, sino que también irradias luz a tu entorno. "Cuando no estoy muy animada, me pongo algo rojo y me hace sentir más fuerte", me comentó una mujer.

Por eso es muy relevante preguntarse cómo combinar los colores. En mi opinión, los colores son un elemento de vital importancia en nuestra expresión personal. Por eso en esta sección hablaremos de algunos aspectos que tener en cuenta.

Colores y tipos de colores

Los colores de la ropa que llevamos pueden actuar como un universo lleno de energía o pueden transmitirnos una sensación de tranquilidad. Pueden prepararnos para retos especiales y llenarnos de optimismo o, de lo contrario, pueden aislarnos del entorno y quitarnos vitalidad. Experimentamos esta última sensación cuando llevamos los colores inadecuados. A continuación hablaremos del color negro.

El negro es un color que deberíamos usar con cuidado, porque absorbe la luz. Sin embargo, también tiene una gran calidad gráfica; pensemos, por ejemplo, en las letras de imprenta de los carteles. De hecho, en este libro encontrarás algunos modelos cuyo secreto radica precisamente en el uso del negro.

En el otro extremo del negro y otros tonos oscuros encontramos colores suaves como el beis, el arena, el gris claro y el azul grisáceo pálido. Estos y otros tonos claros similares nos transmiten calma y tranquilidad. Nos hacen pasar más desapercibidos entre las masas, consiguen que nuestra silueta se difumine en el entorno y acortan las distancias con el resto de personas. Estos tonos quedan especialmente bien en interiores.

A diferencia de lo que ocurre con los colores suaves, los colores más fuertes nos convierten en el punto de mira. Amarillo intenso, azul eléctrico o rosa son algunos ejemplos de colores fuertes, que nos hacen destacar y parecer más jóvenes. Siempre que nos queden bien, claro está. No sé si te pasa que determinadas prendas y colores te dan un toque de luz y alegría, mientras que otros te hacen parecer cansada. A algunas mujeres les favorecen los colores fuertes, y a otras les sientan mejor los colores suaves y fríos.

Desde siempre, los expertos en colores han distinguido, a grandes rasgos, cuatro tipos —cuyos nombres se toman de las estaciones del año—, a los que se añaden algunos tipos mixtos. Los tipos primavera y otoño requieren colores con alto porcentaje de amarillo y rojo, denominados colores cálidos, y los tipos verano e invierno destacan con colores con alto porcentaje de azul, denominados fríos.

Si te interesa saber qué tipo de color eres y qué colores son adecuados para ti, puedes contactar con una asesoría de color profesional para que te analicen. Saber qué tonalidades te sientan mejor de la cabeza a los pies (color de pelo y maquillaje incluidos) te permite ahorrar dinero y comprar de forma más inteligente en el futuro.

El color como fuente de renovación

Dejando de lado los colores que son tendencia en cada momento, a lo largo de nuestra vida creamos, de forma consciente e inconsciente, nuestra propia paleta de colores favoritos. Esto depende de los sentimientos que nos transmiten los colores, así como de nuestro grado de experimentación con las tonalidades cromáticas. Nos acompaña nuestro propio mundo cromático, y así es como debe ser. Sin embargo, es bueno que de vez en cuando reciba un impulso creativo ya que, al fin y al cabo, la vida merece un toque de color. ¿Con qué frecuencia amplías tu paleta de colores habitual? Ahora podría ser un buen momento, ¿no crees? Has vaciado el armario y has vuelto a colocar las prendas que quieres conservar. Qué mejor momento para preguntarte: ¿qué me falta?

Como motivación, te voy a dar un ejemplo positivo de mi propio armario. Desde hace muchos años llevo colores con una elevada proporción de azul, como el azul, el azul cerceta y el fucsia. En los últimos años se han añadido a mi paleta habitual suaves tonos aguamarina y otros colores pálidos de la gama de colores de verano. Esto ha ocurrido simplemente porque se ha ampliado mi paleta de colores favoritos y, por otra parte, porque mi mundo cromático de tonos fuertes y fríos empezaba a parecerme demasiado monótono y, en parte, demasiado llamativo. Me di cuenta de que los tonos suaves del verano suavizaban y endulzaban mis facciones, y eso me gustó. Entonces, además de muchas prendas en azul cerceta, turquesa, rosa y azul oscuro, pasé a tener ropa en azul grisáceo pálido y aguamarina. Mis *looks* tenían tonos más claros. Sin embargo, seguía faltándome un punto de vitalidad.

Cuando nacieron mis hijos, no soportaba el color amarillo, pero a partir de ese momento algo cambió. Empezó a encantarme el amarillo limón (frío) y el amarillo curri (cálido), vestía a mis hijos en esos colores, tapicé un sillón de amarillo y mi casa comenzó a inundarse de toques de color. Debo decir que este cambio también se debió a las revistas de decoración de interiores, que me introdujeron en las combinaciones de colores típicas de los años 50, como amarillo limón y menta claro, por ejemplo: ¡qué placer para la vista!

En realidad, la naturaleza nos ofrece las mejores combinaciones de colores. Fíjate, por ejemplo, en la colza: el poderoso amarillo intenso de la flor y los suaves tonos azules, verdosos y grisáceos de las hojas y el tallo.

Creación del esquema de colores

Cuando trabajaba como diseñadora, cada temporada debía crear nuevos esquemas de colores que sirvieran de base para las nuevas colecciones. A nivel personal, los esquemas de colores también pueden ser muy útiles. De hecho, como marco creativo para tu armario ofrecen algunas ventajas. La primera es que aportan claridad al armario, lo cual facilita muchísimo la combinación de diferentes prendas y, de paso, nos ahorra tiempo y dinero.

Por eso te sugiero analizar los colores que conforman tu armario ¿Tu vestuario se basa en un esquema de colores definido o está compuesto por un batiburrillo de colores difíciles de combinar? Te vuelvo a recomendar la asesoría de color, ya que te puede ser muy útil para descubrir qué colores son adecuados para ti.

Mi paleta de colores para el verano:

Blanco

Amarillo limón

Aguamarina, verde salvia

Aguamarina

Turquesa

Verde azulado

Verde floresta

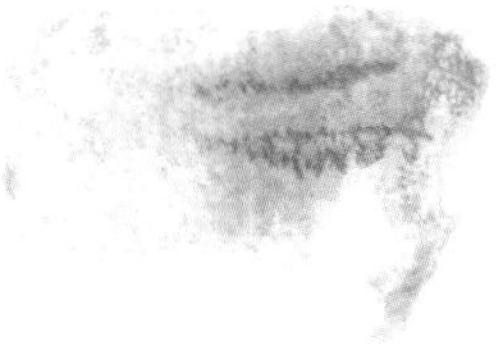

Gris claro

Azul oscuro

Tarea

Recopila colores para todas las mujeres que ven el mundo de colores y quieren redescubrirlos

Necesitarás lo siguiente:

– Libreta
– Lápices
– Pegamento
– Cámara de fotos
– Un bote para guardar tus hallazgos

Dedica unos minutos, siempre que puedas, a tomar notas en la libreta. Observa tu entorno de forma consciente y percibe los colores que te rodean; deja las formas en un segundo plano. Fíjate en los colores interesantes: el azul turquesa de la fuente, el gris de las piedras del parque o el gris verdoso de los líquenes del árbol. Haz fotos, imprímelas, pégalas y guarda algunos de tus hallazgos. Visita mercados artesanales y echa un vistazo a los hilos de lana teñidos con colorantes naturales de origen vegetal; suelen tener pequeños sacos con muestras de colores. Toma nota también de estas paletas cromáticas. O, si lo prefieres, prueba tú misma a teñir con plantas. En la puerta de tu casa o en el jardín seguro que encuentras algunas para este fin.

Y como último consejo para recopilar muestras de colores, te recuerdo que de nuestros proyectos sobrarán recortes...

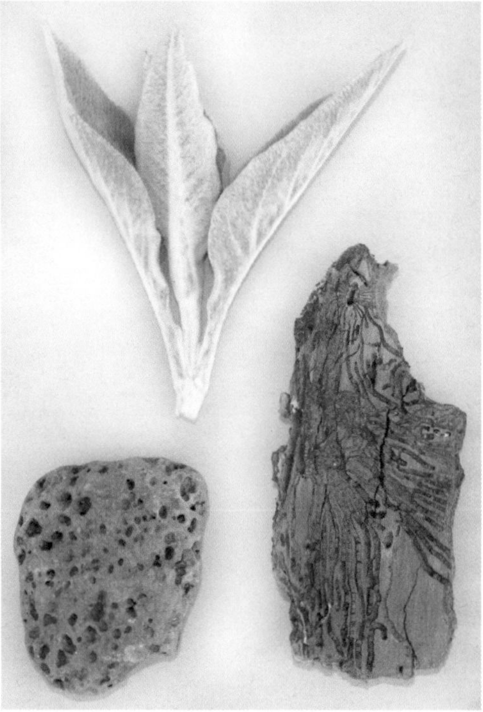

Forma y estilo: aspectos que tener en cuenta

La ropa tiene poder de transformación. Es capaz de convertirnos en un ratón gris, en un ave del paraíso o en una dama de la alta sociedad. Nos perfila y nos da rienda suelta para vivir nuestros más secretos deseos. En definitiva, nos abre todo un mundo de posibilidades, y es cualquier cosa menos superficial.

Podemos transmitir una imagen fuerte, refinada o multicolor, y esto y mucho más se consigue con la combinación adecuada de ropa, accesorios y actitud. Y digo esto porque, en realidad, la ropa es mucho más que una capa superficial que cubre el cuerpo: afecta también a nuestra psique. Dado que este es un tema muy complejo que daría para escribir páginas y páginas, he seleccionado dos aspectos con los que me encontrado en repetidas ocasiones durante mis estudios. Espero que los dos temas que he elegido sean también de tu interés.

Ropa de calidad con un presupuesto limitado

"¿Es posible ir bien vestida y elegante con poco dinero?" es una pregunta que me hacen muy a menudo. Primero, la buena noticia. La regla n.º 1 para conseguir un *look* de calidad es "menos es más". Un *look* elegante es todo lo contrario de recargado. En la Universidad de las Artes, el profesor de pintura nos preguntó a mis compañeras y a mí: "¿Cuántos elementos se necesitan para hacer un buen cuadro, una buena composición?". Para mí esta pregunta fue y sigue siendo la base de un buen diseño y puede aplicarse indistintamente a la confección, a la pintura o a la cocina.

Compra poca ropa, pero que sea buena. Invierte en calidad y disfruta de las prendas durante muchos años. Si sigues estos consejos, descubrirás que un *look* que renuncia a los detalles u ornamentos exuberantes es sinónimo de un estilo más claro y definido. Y este principio no solo se aplica a las ocasiones formales.

Si tienes poco dinero, concéntrate en un *look* que tengas en el armario para determinadas ocasiones. Por ejemplo, en la combinación de abrigo, vestido, zapatos de tacón y bolso. O, si lo prefieres, traje de chaqueta, blusa, zapatos de tacón y bolso. Te recomiendo que cuelgues estos artículos juntos para que te sea más fácil encontrarlos cuando se presente la ocasión.

Hablando del armario... Es posible que ya tengas algunas prendas básicas buenas en el armario que necesiten pocos complementos. Si quieres tener un fondo de armario de mayor calidad, ve sustituyendo poco a poco las prendas gastadas por nuevas adquisiciones. Cuando digo 'nuevas' me refiero también a las prendas que compres de segunda mano, obviamente. Cuando selecciones las prendas, ten en cuenta los siguientes aspectos.

Colores:

Selecciona los colores básicos (un color básico oscuro y uno claro) que favorezcan a tu tez y que, si se presenta la ocasión, puedas realzar con un tono más vivo. Los *looks* monocolor también son sofisticados. Otra combinación que queda bonita y elegante es la de conjunto oscuro y abrigo claro. Cíñete a las prendas sin estampados.

Material:

Cuanto más sencillo es el corte de una prenda, de mayor calidad debe ser el material con que está confeccionada. Los materiales naturales sofisticados, la lana fina, los tejidos de gran calidad y la resistencia del material de punto son las cualidades que más valoro.

Prendas que marcan estilo y prendas secundarias:

Para lucir un *look* sofisticado, no es necesario cubrirse de prendas carísimas de los pies a la cabeza. Todo *look* está compuesto por dos tipos de prendas: las que marcan estilo y las básicas. Yo suelo llamarlas prendas clave y prendas secundarias. Una de mis prendas clave son los abrigos hasta la rodilla. Un abrigo bonito resta importancia a las otras prendas que componen el *look*. Los vestidos y las piezas superiores que prácticamente no requieren accesorios son otro ejemplo de prendas clave. En cambio, considero que son prendas secundarias las blusas y los pantalones estrechos, las camisetas sencillas sin estampado, los jerséis de merino monocolor o las faldas de tubo. Todas estas prendas pueden adquirirse en varias plataformas en línea y en tiendas de segunda mano.

Es posible que ya tengas algunas prendas básicas buenas en el armario que necesiten pocos complementos.

Bolsos y zapatos:

En este caso también se aplica el lema "de calidad, atemporal y sencillo". Es relativamente fácil encontrar artículos buenos en el mercado de segunda mano, bolsos incluidos. Yo hace más de 10 años que combino mi bolso de diseño de segunda mano con las mismas botas altas de piel color coñac, ¡y todavía me gustan! Los zapatos que te acompañarán durante más tiempo no deben presentar características extremadas: que no sean demasiado puntiagudos ni demasiado altos, y que su color sea fácil de combinar. Las formas clásicas no fallan.

Paciencia y flexibilidad, cualidades imprescindibles

Sé por experiencia que encontrar un *look* bonito o una prenda básica de segunda mano lleva su tiempo. A veces puede costar semanas encontrar el abrigo que buscamos a un precio asequible, o dar con el bolso de piel ideal. Lo que necesitas para completar tus *looks* es tener paciencia y estar abierta a la posibilidad de tener que conformarte con otra opción. Te voy a contar una pequeña anécdota. Cuando recibí el abrigo de lana de color burdeos que me había comprado por internet en una página de ropa de segunda mano, me gustó su confección y su estado; parecía nuevo. El color, en cambio, tenía un tono más oscuro y más frío que en la foto. Pero como había concebido el abrigo como parte de un *look* en la familia de colores rojos, este detalle no me pareció tan importante: el resto de los tonos rojos más claros compensarían el contraste.

Bien vestida a cualquier edad

"Las mujeres de más de 50 años ya no deberían llevar minifalda", comentó una mujer joven en uno de mis talleres. Comentario que en aquel momento abrió un acalorado debate. Mi opinión al respecto es la siguiente: hay mujeres de 30 años a las que no les queda bien ninguna minifalda, y mujeres mayores de 50 a las que les sienta estupendamente. Lo más importante son las buenas proporciones y que las formas se integren en una imagen conjunta y el estilo que va con cada personalidad.

A este respecto debo mencionar a un fotógrafo que desde hace años retrata a gente mayor por las calles de Nueva York. Seth Ari Cohen hace tiempo que saltó a la fama con su blog *Advanced Style* y el libro del mismo nombre. La naturalidad que irradian las mujeres y los hombres a quienes retrata en sus fotos —y eso que se trata de personas mayores e incluso muy ancianas— es pura inspiración, también para la gente joven. Vemos a mujeres con los labios pintados de colores muy fuertes, con gafas graciosas, sobrecargadas de joyas o envueltas en un bonito pañuelo.

Pero no hace falta irse a Nueva York. ¿Quién no conoce a mujeres jóvenes y mayores que experimentan y llaman la atención por su estilo que se desmarca de lo convencional? No tiene por qué gustarnos todo lo que vemos. Algunos *looks* pueden parecernos demasiado atrevidos o incluso ridículos; sin embargo, podemos aprender algo de ellos. Por ejemplo, que es bueno no dejarse influenciar demasiado por las opiniones de los demás y escuchar más nuestra voz interior.

¿Tu estilo cambia con el paso de los años? ¿Te estás haciendo más atrevida o más precavida? Si quieres probar cosas nuevas, a continuación he recopilado algunas ideas de mi día a día que pueden ayudarte a experimentar.

Puedes

› usar diferentes tonalidades de un mismo color para un *look*, por ejemplo, tonos verdes, tonos azules, tonos rojos o tonos amarillos
› llevar un solo tono
› usar un artículo llamativo o gracioso (un broche divertido, un sombrero, una cinta para el pelo, unas bailarinas rojas, accesorios de topos, etc.) para dar un toque distendido a la ropa seria del día a día
› adornar el pelo, por ejemplo, con una cinta para el pelo o con accesorios creativos estilo turbante y complementar el *look* con unas bonitas gafas de sol grandes
› combinar prendas modernas con prendas de estilo *vintage*
› llevar colores suaves que suavicen tus facciones y ponerte un pintalabios rojo

Schöne Stücke
Prada
Marni
Konstrukte
Rock?
Hartmann Nordenholz
Oberflächen rau, Glanz

› vestir con materiales que tengan una caída suave, como la seda
› dejar de lado las joyas
› probar con un *look* masculino
› inspirarte en heroínas de película
› probar con formas más holgadas en lugar de ropa ceñida
› usar ropa tejida en lugar de punto elástico
› combinar estilos: étnico con *look* de los años 50, elegante con *look* natural
› combinar muchas joyas con prendas con estampados de colores y básicos sencillos monocolor
› y mucho más...

Tarea

Mood board: panel de ideas

Prepara un panel de ideas con *looks* que te gusten. Puedes recortarlos de revistas y pegarlos en tu libreta, o descargarlos de internet e imprimirlos. Ya verás como tener este panel a la vista te anima a probar nuevos *looks*. Además, un nuevo *look* no implica necesariamente hacer grandes compras. De hecho, suelen ser los pequeños detalles —como una camisa de topos, una bufanda en color verde pálido o unos pendientes grandes— los que dan un toque diferente a un *look*. Y justamente estas prendas las puedes encontrar a buen precio de segunda mano.

3. Técnica

El carácter de la superficie

Nada hace una prenda tan especial como las características de la tela con la que está hecha. Técnicas de toda la vida como estampar, teñir o hacer punto nos ofrecen infinitas posibilidades de diseño. En función de la técnica, el tipo de tela y el diseño que utilicemos obtendremos un resultado fino, minimalista, llamativo u ostentoso.

Una prenda realmente especial solo se la puede hacer uno mismo. La confección creativa de una prenda se hace manualmente y, por lo tanto, sale cara. Es muy difícil que la ropa de confección convencional pueda estar a la altura. Depende de nosotras confeccionar una prenda de manera descuidada o, al revés, ser extremadamente meticulosas. Y también será cosa nuestra dónde encontrar la inspiración para nuestras fantásticas creaciones. En la naturaleza, en libros de arte, en exposiciones y en la vida cotidiana hallaremos infinidad de ideas: el murmullo del agua, los reflejos de luces y sombras en las hojas, un campo de cereales ondeado por el viento, un letrero desgastado por el paso del tiempo, la corteza de un árbol, los agujeros que deja la carcoma, las nubes, los colores en un día de noviembre, el orden casual de los colores de la ropa tendida en un balcón... Todas estas percepciones pueden servirnos de inspiración para crear un nuevo diseño.

Y, cuando nos ponemos manos a la obra, el desafío es traspasar las fronteras de nuestra propia imaginación. En cuanto al resultado, es algo que no podemos predecir. Un día la tela no absorbe bien el colorante, otro día la línea del pespunte queda demasiado torcida o el estampado no resulta tan marcado como querías... Pero son justamente estos riesgos los que nos animan a seguir probando ideas.

Las superficies trabajadas a mano irradian una energía especial, y por eso sería bastante extraño que cada pincelada tuviera exactamente la misma intensidad y cada pespunte nos saliera exactamente igual de recto. A continuación te presento algunas técnicas que son fáciles de aprender y económicas.

Resumen de las principales técnicas

Aplicaciones
Drapeado
Estampación con patatas
Estampación con sello de caucho
Tinte
Tinte con gradación de colores
Pintura experimental
Patchwork
Frunce con la máquina de coser
Coser a mano
Coser a máquina
Plieges
Ondas arrugadas
Shibori
Apelmazado de lana

Aplicaciones

En la superficie de una prenda se pueden coser detalles de tela a mano o a máquina. Si trabajas con punto sobre punto, no sobrehíles los bordes del detalle, porque el punto no se deshilacha. Las telas tejidas, en cambio, se deshilachan y deben sobrehilarse, a no ser que los bordes cortados se hayan concebido como un elemento más del diseño. El resultado queda más pulido si se han doblado e hilvanado previamente los bordes del detalle.

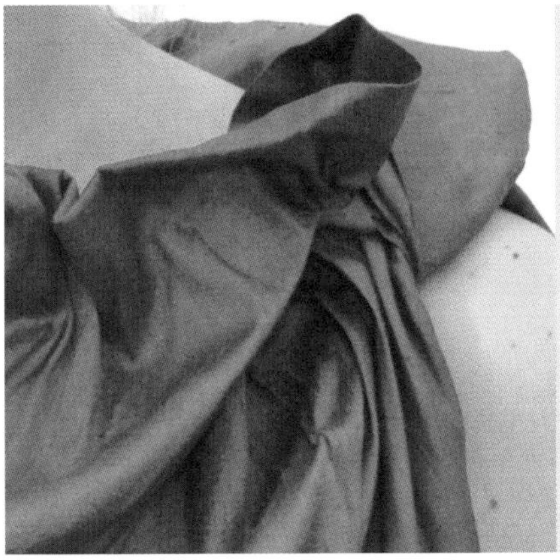

Drapeado

Cuando hablamos de drapeado nos referimos a dar forma a la tela de modo que quede suavemente plisada. Con esta técnica se obtienen bonitos efectos tridimensionales.
Es una buena opción a la que recurrir, ya que nos permite aprovechar el ancho sobrante de una prenda y adaptarla a nuestro cuerpo. Fijamos los pliegues uno a uno con alfileres. A continuación, los cosemos por el interior con puntadas a mano para dar solidez al drapeado. Por último, quitamos los alfileres. Si te interesa esta técnica, te recomiendo que inviertas en un maniquí.

Estampación con patatas

Esta técnica de estampación usa las patatas como instrumento para estampar diferentes formas. Dado que es muy fácil moldear una patata, esta técnica te permitirá crear muchas formas, siempre que no sean filigranas, claro.
Cómo estampar con patatas: Corta la patata por la mitad con un cuchillo y sécala con un retal que tengas a mano o con un trapo de cocina. > Da la forma deseada a la patata y asegúrate de que puedas sostenerla bien cuando tengas que aplicar la presión. Te recomiendo que cortes una pequeña "asa" con el cuchillo en la parte superior del tubérculo.
> Coloca la prenda sobre una superficie plana sin que queden arrugas y mete un cartón liso entre las capas de tela.
> A continuación, pinta la patata con colorante textil y un pincel y estámpala sobre la tela. El resultado es muy bonito, porque se notan las pinceladas en las formas. > Si prefieres que te quede una capa más uniforme, en lugar de un pincel puedes usar una pequeña esponja para pintar la patata.
> Cada vez que estampes una forma debes volver a aplicar una capa de colorante a la patata. > Cuando el estampado esté a tu gusto, deja secar el colorante y plancha la prenda.

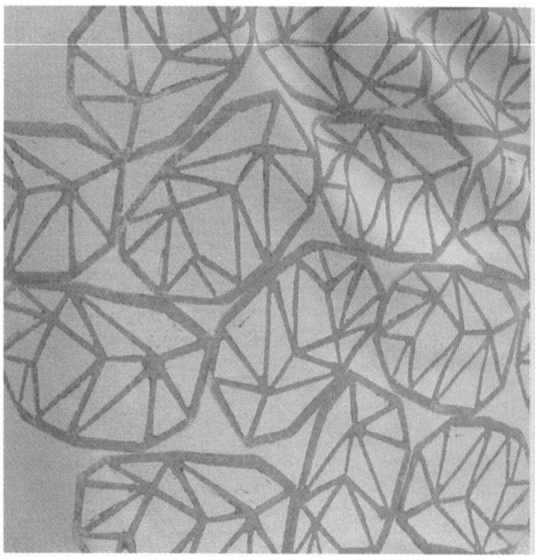

Estampación con sello de caucho

Es muy fácil crear sellos a partir de placas de caucho. Solo tienes que recortarlos en las formas que más te gusten. Además, los sellos que saques de estas placas no son perecederos, a diferencia de las patatas. Para estampar una capa de color, sigue el mismo procedimiento que en la estampación con patatas.

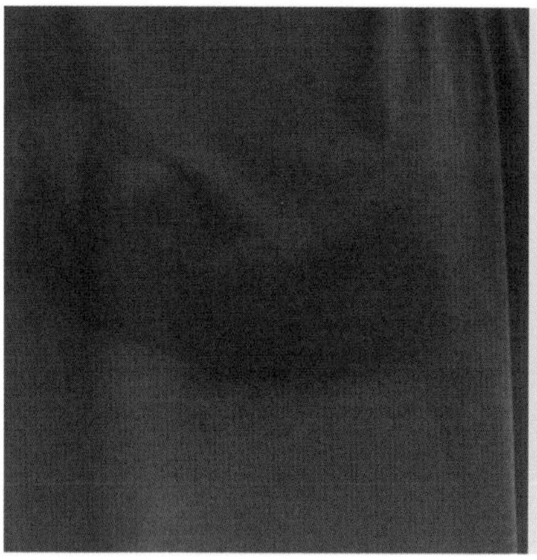

Tinte

El tinte es una técnica ideal para dar un poco de vida a las prendas que han perdido el color o cambiar por completo su color original. Si quieres reorganizar tu armario para que tus prendas sean compatibles con tu tipo cromático, teñir algunas prendas puede ser una opción interesante. Esta técnica es muy fácil, porque solo necesitas una lavadora o un cubo. Por lo demás, sigue las instrucciones del fabricante y no olvides tener en cuenta la cantidad de tela. Cuanta más tela quieras teñir, más tinte necesitarás. Si no usas suficiente tinte, el color resultante será más claro de lo que esperabas.

Tinte con gradación de colores

Si sumerges un trozo de tela o de una prenda en un baño de tinte y lo sacas con cuidado sin ladearlo, obtendrás una gradación de colores. El tiempo de inmersión de la ropa puede variar de unos minutos a media hora e incluso más. **Cómo teñir con gradación de colores**: Diluye el colorante textil en agua como se indique en las instrucciones y vierte la mezcla en una pequeña tina o en un cubo. > A continuación, sumerge la prenda en el líquido. La prenda absorbe el color, cuya intensidad va aumentando. > Transcurridos unos minutos (o cuando consigas la intensidad deseada), saca un trozo de la tela del baño de tinte para obtener la gradación deseada.

Pintura experimental

Te sorprenderás de los interesantes efectos que puedes crear con colorante textil y un pincel. No pongas límites a tu fantasía y creatividad. Coloca la prenda sobre una superficie plana y pon un cartón para proteger la capa de abajo. Si usas el colorante sin diluir, las pinceladas quedarán más marcadas y con los bordes agrietados. Cuanto más colorante diluyas en agua, más clara y fina será la pincelada, y el efecto final se parecerá más al de la acuarela. Por último, deja secar el colorante y plancha la prenda.

Patchwork

El *patchwork* consiste en unir varias piezas de tela para crear una pieza nueva. Lo más fácil es coser piezas que tengan la misma altura formando una tira y, después, coser las tiras entre sí. Plancha el margen de costura en una dirección y pasa un pespunte por el derecho, a una distancia de unos 2 mm de la costura, para que los márgenes queden fijos. El *patchwork* ofrece un sinfín de posibilidades —desde un diseño regular y plano hasta formas libres, irregulares y tridimensionales—, aunque se recomienda empezar con formas rectangulares y cuadradas.

Frunce con la máquina de coser

El frunce o técnica de *smoking* se utiliza para conseguir un efecto plisado. Es un buen método para estrechar una prenda y proporcionar textura y elasticidad a la tela.
Cómo hacer un frunce: Devana a mano el hilo elástico en la canilla inferior de la máquina de coser de forma que el hilo quede tenso. > Coloca la canilla en la máquina y cose haciendo un pequeño zigzag.

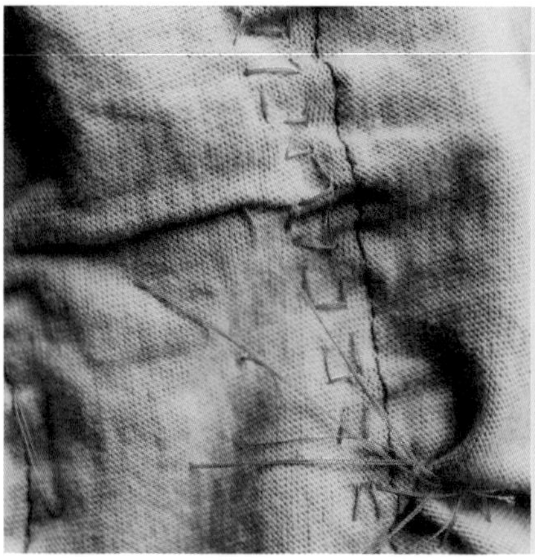

Coser a mano

Coser una prenda a mano le da un toque especial y personal. Hay muchos tipos de puntadas. En el libro, utilizamos dos puntadas fáciles: la de pespunte y el hilván (ver páginas 43 y 44). Ambos tipos de puntada se realizan a través de la tela, y el aspecto final es muy similar. Si quieres, también puedes hacer puntadas irregulares, curvas, rectas... Tú decides. Si utilizas un hilo más grueso como el torzal, que se usa en la confección de prendas vaqueras, conseguirás un efecto bonito y más vistoso.

Coser a máquina

Si quieres coser a máquina, lo ideal es disponer de una máquina de coser con tecla de marcha atrás/remate. Para trazar una línea dentada, cose hacia adelante, pulsa la tecla de marcha atrás/remate y no la sueltes para poder trabajar en la otra dirección. A continuación, suelta la tecla y sigue cosiendo hacia adelante. También tienes la opción de utilizar un prensatelas de bordar. En ese caso, baja los dientes de arrastre; si hay alimentador superior, quítalo; coloca el pie prensatelas, y empieza a coser. Una vez hecho esto, ve deslizando la tela con la mano y podrás realizar un sinfín de trazos.

Pliegues

Esta técnica es ideal cuando queremos quitar parte del ancho de una prenda de forma discreta y sin tener que cortarla. Puedes probar a hacer los clásicos pliegues paralelos o pliegues más irregulares. **Cómo hacer los pliegues**: Primero, dobla la prenda por la mitad de modo que el derecho quede en la parte interior. > A continuación, haz un pliegue del ancho que quieras en paralelo a la doblez y préndelo con alfileres. > Haz otro pliegue a la distancia que quieras del primero y así sucesivamente. > Después, quita los alfileres para pasar un pespunte a los pliegues con la máquina de coser. Un consejo: coloca siempre los alfileres de forma perpendicular a la dirección en que coses; así podrás coser por encima de ellos con la máquina si vas con cuidado.

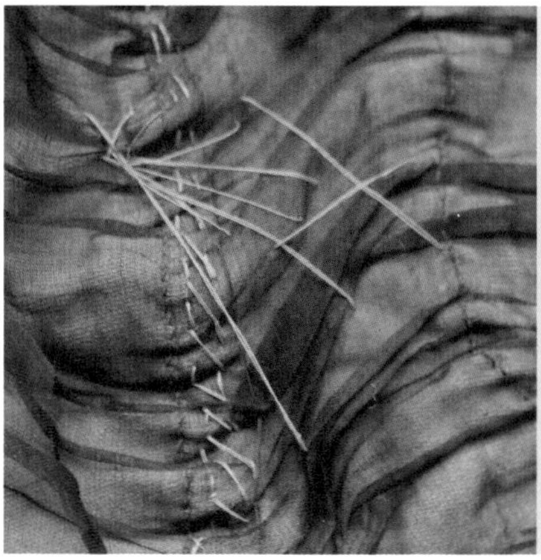

Ondas arrugadas

Para conseguir este efecto, coloca la tela de forma que queden arrugas irregulares y préndelas con alfileres. Hilvana con puntadas grandes. Quita los alfileres. Con la máquina de coser, pasa un pespunte por encima haciendo líneas irregulares hacia adelante y hacia atrás. Quita el hilvanado ¡y listos!

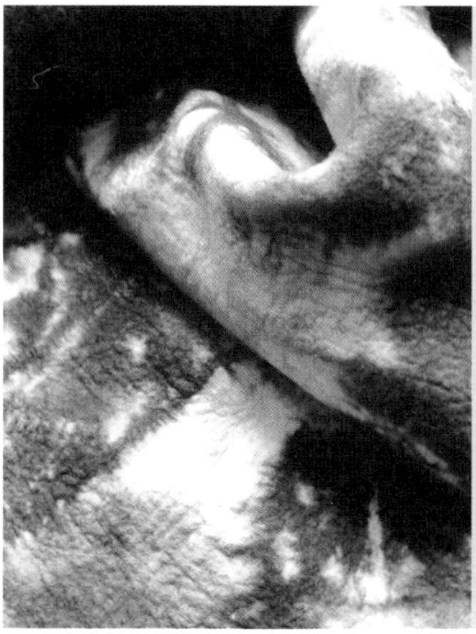

Shibori

Shibori es el nombre que recibe una antigua técnica artesanal japonesa que consiste en atar la tela y, después, teñirla. Se consigue un efecto único. **Cómo aplicar esta técnica**: Primero, haz una bola con la tela para obtener un diseño más bien irregular, o dóblala en pliegues tipo acordeón para que te quede un diseño a rayas. También puedes atar un redondel de tela o doblar la tela de cualquier otra forma que se te ocurra. > Lo hagas como lo hagas, después ata la tela con un hilo, como si hicieras un paquete, de forma que quede lo más compacta posible. Cuanto más compacto sea el bulto atado, más exacto será el resultado del tinte. > Tras teñir la tela en un cubo o en la lavadora, desdóblala y cuélgala para que se seque. > Si quieres, ahora que está seca puedes teñirla parcialmente de otro color. Si vas a teñir una tela de varios colores, es mejor empezar por el color más claro.

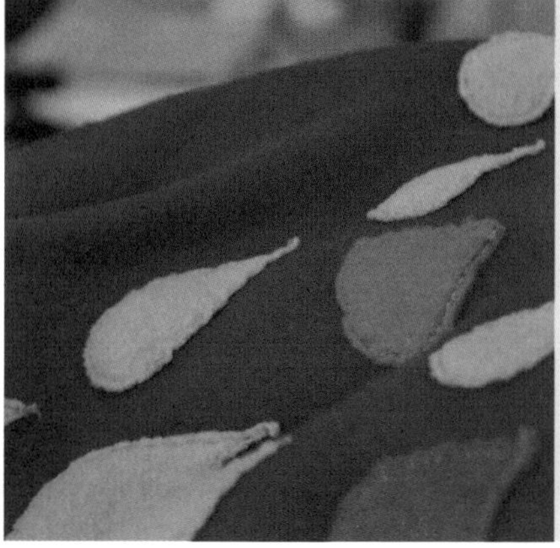

Apelmazado de lana

Para conseguir lana apelmazada, lava un jersey de lana en la lavadora a 60 °C. La combinación de temperatura y detergente para lana hace que la lana se encoja, con lo cual obtenemos un bonito tejido apelmazado. Este método es ideal para dar una nueva utilidad a un jersey que ya no usas. Con la tela apelmazada puedes hacer, por ejemplo, gorros o puños.

Hacer patrones

Para realizar los proyectos que hay en este libro no hace falta elaborar complejos patrones, porque el diseño es lo más importante. Además, en general rediseñar prendas solo requiere algunos patrones básicos como el de una blusa y el de una falda ceñida. Encontrarás modelos de estos patrones en libros de patronaje y en internet.

Si necesitas el patrón de una blusa sin mangas, también puedes sacarlo de una blusa que tengas en el armario si no encuentras ningún patrón específico para este corte. En el caso de prendas más holgadas, puedes usar un suéter o un jersey como patrón. Ahora explicaré cómo sacar un patrón usando una cómoda blusa sin pinzas como ejemplo.

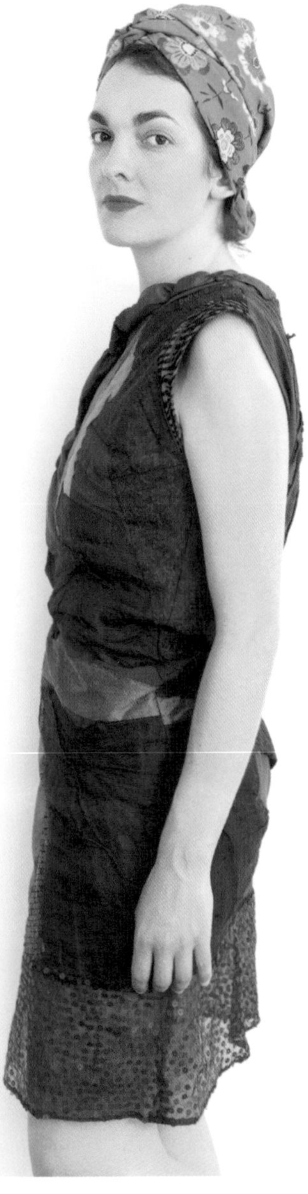

Blusa sin pinzas

El primer paso consiste en colocar papel de calcar sobre la superficie de trabajo y poner encima la blusa plana. Ten en cuenta que solo necesitas fijarte en una mitad de la blusa (la mitad de la blusa indica dónde irá la tira de botones). A continuación, traza las líneas exteriores, las costuras laterales y las de los hombros. La costura que une las mangas y las sisas la puedes marcar en el papel prendiendo alfileres por la línea de la costura en intervalos regulares. Procede de la misma forma con el escote.

A continuación, deja la blusa a un lado y une con un lápiz los puntos de los alfileres marcados en el papel formando una línea continua. Comprueba si las líneas son simétricas y armoniosas; de lo contrario, iguálalas. Ya tienes el patrón de la mitad de la parte delantera de la blusa. Repite el mismo proceso con la parte trasera.

Este patrón de blusa que hemos sacado nos sirve tanto para piezas superiores sin mangas como para vestidos, si alargamos la parte inferior del patrón. Ten en cuenta que el material de la nueva prenda debe tener la misma consistencia que el material de la blusa de la que has sacado el patrón. Por ejemplo, si la blusa original es elástica, debes confeccionar la blusa nueva también con tela elástica. En cuanto a la abertura del cuello y las mangas, las puedes agrandar a tu gusto.

Si utilizas la blusa como base para hacer un diseño como el vestido artístico de la página 112, la medida más importante que tener en cuenta es la de la cadera. El corte debe quedar holgado en la zona de la cadera, no demasiado ceñido. Si lo que quieres es confeccionar un modelo más largo, al cortar el patrón debes sacrificar algunos centímetros. Para ello, coloca el patrón de la blusa de forma que no cuadre exactamente con el trozo de tela, y muévelo en paralelo a la doblez hacia dentro de la tela.

O más sencillo aún: usa un suéter como patrón para la pieza superior. Es mucho más recomendable para alguien que está empezando.

Patrón de falda

Para realizar algunos proyectos del libro necesitaremos el patrón de una falda ceñida. Sácalo de un libro de patronaje o busca uno en internet. Otra opción es sacar el patrón de una de tus faldas.

En el caso de las faldas elásticas hechas a partir de camisetas o sudaderas viejas, se puede trabajar directamente sin patrón; simplemente esconde la parte del ancho sobrante, pásale un pespunte y córtala.

Pequeños remiendos

Si tienes una camiseta con un agujero o unos pantalones con zonas desgastadas, no es necesario que te deshagas de estas prendas inmediatamente o las cortes para hacer otras. Un pequeño remiendo bastará para que te las puedas seguir poniendo unos años más.

Las zonas desgastadas se pueden reparar de forma disimulada o se pueden resaltar a propósito. Por otra parte, si se usa un hilo grueso o de otro color, se puede coser alrededor de la zona desgastada o convertir el cosido del remiendo en un detalle decorativo. En principio, siempre se recomienda reparar los desperfectos cuanto antes para evitar tener que hacer arreglos más importantes. En esta sección te presento algunas estrategias para arreglar agujeros pequeños y grandes, así como zonas desgastadas.

Camiseta

Agujero pequeño:

Necesitas: aguja de coser, máquina de coser, hilo

Si el agujero es entre pequeño y mediano, se puede coser fácilmente y el remiendo queda disimulado, siempre que el hilo sea del mismo tono.

Gira la camiseta del revés. > Cose el agujero con punto de festón. > Con este tipo de punto la tela se dobla de tal forma que la parte rota queda superpuesta. > Inserta la aguja en el borde de ambas capas de tela y clava cada puntada cerca de la anterior. Ve cosiendo alrededor del agujero. No tenses demasiado el hilo, porque la tela debe quedar plana al desdoblarla.

Agujero grande o roto:

Necesitas: alfileres, aguja de coser, hilo, máquina de coser

Dobla la tela de tal forma que la parte rota quede superpuesta. > Prende con alfileres y cose con pequeñas puntadas de pespunte no muy largas a mano o a máquina. > Si el agujero es irregular y más bien largo, se recomienda prolongar la línea del cosido haciendo una pequeña pinza. > Corta los hilos. > Plánchalo.

Desgarro en la costura del bies del cuello:

Si no tienes una *overlock* y no puedes recoser la costura de forma que quede perfecta, puedes usar la máquina de coser normal con doble aguja o bien hacer una pasada con punto decorativo, sabiendo que el resultado no será tan discreto.

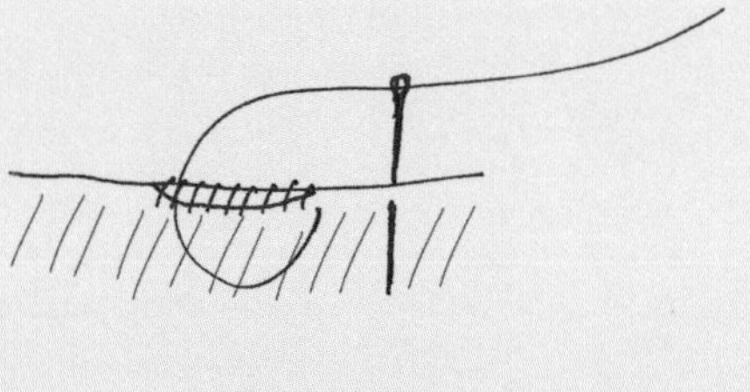

Punto de festón

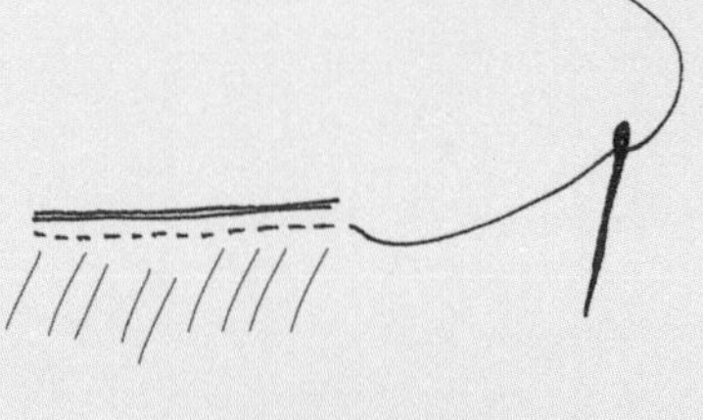

Puntada de pespunte

Pantalón

Agujero pequeño:

Necesitas: aguja de coser, máquina de coser, hilo

Cose el agujero con punto de festón o puntada de pespunte, como en la camiseta descrita anteriormente.

Agujero grande (por ejemplo, en la rodilla):

Necesitas: entretela adhesiva por las dos caras, retal de un material resistente (por ejemplo, la pernera de un pantalón), máquina de coser, aguja de coser, hilo

Corta el retal de la forma que quieras para obtener dos parches. Piensa que los parches deben tener un tamaño más grande que el agujero y que, además, necesitarás añadirle un margen de costura de 1,5 cm. > Cose haciendo un zigzag. > Dobla hacia adentro el margen de costura de uno de los parches e hilvánalo con una puntada larga (en adelante, parche n.º 1). > Vuelve el pantalón del revés y coloca el segundo parche en el centro del agujero. Préndelo con alfileres e hilvánalo. Vuelve a poner el pantalón del derecho. > Recorta la entretela adhesiva del mismo tamaño que el parche n.º 1. > Coloca la entretela y el parche n.º 1 sobre el agujero; la entretela debe ir entre este parche y el pantalón. > Hilvánalo. > Plánchalo. > A continuación, cose los dos parches al pantalón. Puedes pasar un pespunte o hacer las puntadas a mano. No es necesario que sigas exactamente la línea del parche, puedes ir haciendo pasadas por encima del borde del parche y del pantalón, hacia adelante y hacia atrás.

Mi versión rápida:

Coloco las tres capas una encima de la otra —parche n.º 1, entretela adhesiva, pantalón y parche n.º 2— y las hilvano todas a la vez. Después, las plancho y, por último, arreglo el agujero con puntadas de pespunte.

Roto en el pantalón:

Necesitas: una pieza de tela para reforzar el roto, máquina de coser, hilo

Corta un trozo de tela que tenga un tamaño más largo y más ancho que el roto. > Coloca la pieza debajo del roto y fíjala a la prenda; los bordes del roto deben quedar parcialmente solapados. > Pásale un pespunte del tipo que quieras con la máquina de coser de modo que la parte del agujero quede bien fijada a la tela y al resto del pantalón. Lo que yo suelo hacer es dar una pasada por encima hacia adelante y hacia atrás siguiendo en perpendicular el borde del roto. Por último, coso unas cuantas líneas paralelas.

Desgaste en la zona del trasero/la entrepierna del pantalón:

Necesitas: tela resistente y de un color similar al del pantalón; máquina de coser; hilo; opcionalmente, entretela adhesiva por las dos caras (si la zona desgastada es muy fina pero todavía no se ha roto)

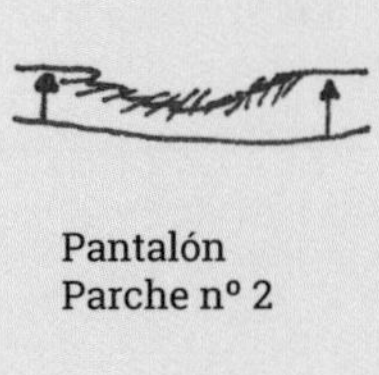

Pantalón
Parche nº 2

Parche nº 1
Entretela adhesiva
Pantalón
Parche nº 2

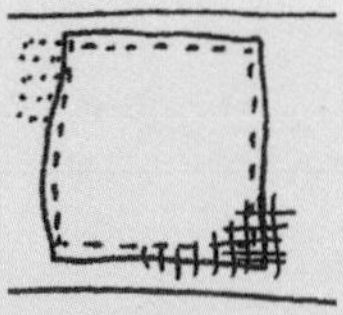

Utiliza el pespunte
que quieras para coser
los parches

Descose la costura de la entrepierna de la zona desgastada. > Corta el parche al bies para que la zona de la entrepierna pueda ceder. Ten en cuenta que la pieza de refuerzo debe ser más grande que la zona desgastada. > Vuelve el pantalón del revés. > Coloca el parche en la zona desgastada y pon entretela adhesiva entremedias. > Plánchalo. > Si el pantalón está muy desgastado, se entreverá la entretela. En ese caso, no la uses. > Si el pantalón que estás remendando es de uso diario y no te importa que se vea la costura, cose el parche al pantalón.

Si quieres que el parche no se note mucho, cóselo a la prenda sin pasar un pespunte por los bordes del parche.

En cambio, si el pantalón es más de vestir, lo mejor es coser el parche planchado por la parte interior con pequeñas puntadas a mano para fijarlo a la parte exterior sin perforar todo el tejido. Pasa un pespunte por la costura de la entrepierna para cerrarla. Esta técnica también sirve para reforzar la zona de la entrepierna del pantalón.

Dobladillo deshilachado

Necesitas: máquina de coser, hilo y, si es necesario, entretela adhesiva.
Si se trata de unos tejanos, basta con hacer un pespunte en zigzag por encima del dobladillo desgastado, sujetando las partes deshilachadas de forma que queden ligeramente superpuestas al coser. En cambio, si el pantalón es más de vestir, descose el dobladillo y coloca un trozo de entretela adhesiva por el interior del pantalón en la parte dañada. Plánchalo para estabilizar la tela y haz una pinza no muy gruesa. Plancha el bajo del pantalón, incluida la doblez, para que quede plano, y vuelve a coser el dobladillo.

Ropa de punto

¿Quién no tiene un jersey con un agujero? Tranquila, se arregla con cuatro puntadas. Además, lo bueno de las prendas de punto es que es muy agradable trabajar con hilo en este tipo de material. Obviamente, puedes intentar que el remiendo de un agujero o descosido quede lo más disimulado posible. Sin embargo, tienes la opción de conseguir justo lo contrario y aprovechar este desperfecto para hacer que el remiendo destaque usando hilo de otro color o fieltro agujado. Como ves, los agujeros pueden convertirse en el punto de partida de nuestras creaciones.

Cómo coser un agujero pequeño:

Usa el punto de festón o la puntada de pespunte, como en la camiseta descrita en la página 43.

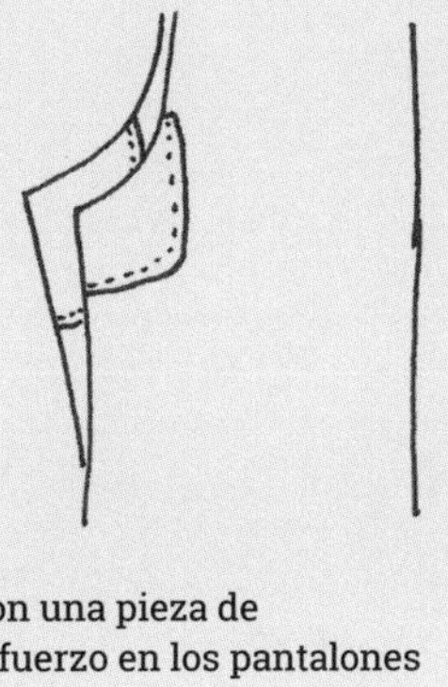

Pon una pieza de refuerzo en los pantalones

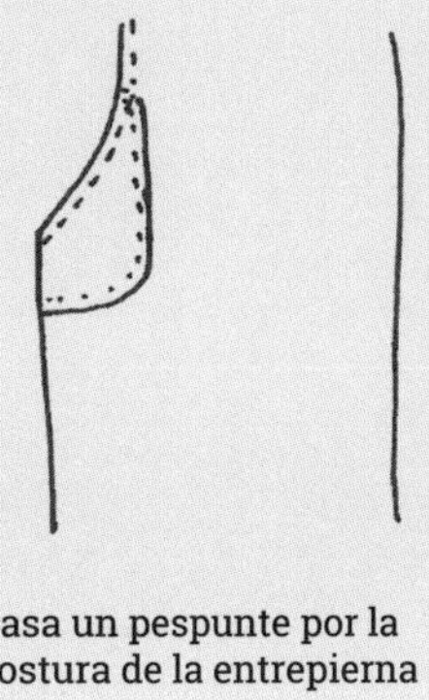

Pasa un pespunte por la costura de la entrepierna

Cómo reparar un agujero pequeño con fieltro agujado:
Necesitas: fieltro de lana (del color que quieras), aguja de fieltrar, esponja o trozo de corcho blanco.

Coloca la esponja o el trozo de corcho blanco debajo del agujero. > Pon una pequeña cantidad de fieltro de lana sobre el jersey, justo encima del agujero, e insértala en el punto pinchando con la aguja de fieltrar.

Cómo reparar la zona desgastada de los codos con la puntada de hilván:
Necesitas: aguja de coser gruesa que tenga el ojo grande, ovillo de lana de un color similar al de la prenda.

La zona desgastada de los codos se puede reforzar con la puntada de hilván. > Corta una hebra no demasiado larga del ovillo. > Retuerce los hilos de lana y saca alguna hebra según el grosor del jersey. > Refuerza la parte desgastada haciendo varias pasadas de puntadas de hilván de arriba abajo. > Si es necesario, también puedes hacer las puntadas en sentido transversal. > Corta los hilos.

Cómo reforzar la zona desgastada de los codos con parches:
Necesitas: aguja de coser gruesa que tenga el ojo grande, ovillo de lana de un color similar al de la prenda (o el color que quieras), parches que te gusten, alfileres.

Corta una hebra no demasiado larga del ovillo. > Retuerce los hilos de lana y saca alguna hebra según el grosor del jersey. > Refuerza la parte desgastada haciendo varias pasadas de puntadas de hilván siempre de arriba abajo por encima de toda la zona desgastada. Corta los hilos. > Coloca los parches, préndelos con alfileres y cóselos a mano.

Cómo reforzar la zona desgastada de los codos con fieltro agujado:
Necesitas: fieltro de lana de un color similar al de la prenda (o del color que quieras), aguja de fieltrar, esponja o trozo de corcho blanco.

Este método se lo vi aplicar hace años a una chica que utilizó lana de otro color para dar un toque bonito a un viejo jersey. Para saber si la prenda quedará resistente y duradera tras aplicar esta técnica, no hay más remedio que probarla.

Coloca la esponja o el trozo de corcho blanco debajo de la zona desgastada. > Pon una pequeña cantidad de fieltro de lana sobre el jersey, justo encima del agujero, e insértala en el punto pinchando con la aguja de fieltrar. > Repite este proceso hasta que la superficie esté reforzada, pero sin que quede demasiado acartonada. Esta técnica es más adecuada para arreglar agujeros pequeños que grandes.

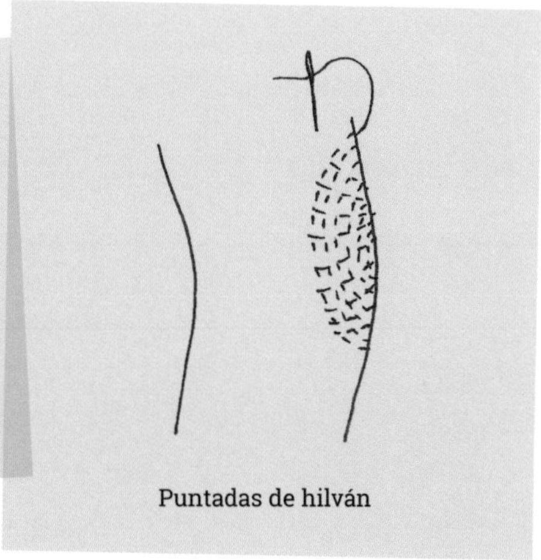

4. Rediseño

Consejos para la confección creativa

Cuando te inicias en el mundo de transformar prendas, al principio suele costar meter la tijera en una prenda que no tiene ningún problema. ¿Y si el resultado no sale bien? Es necesario hacerse a la idea de que entre la concepción del diseño y el resultado final siempre hay una evolución. Y eso solo te lo puede dar la experiencia. Cuanto más cosas, más segura te sentirás.

Cuando rediseñes, no te sometas a la presión de fijarte plazos ajustados. Algunas prendas de este libro se hacen en media hora, pero cuando empieces a profundizar en el tema del diseño, a cada proyecto le dedicarás el tiempo que haga falta.

Aunque al principio probablemente des prioridad a perfeccionar hasta el último detalle de tus proyectos, verás que con la práctica te vas convirtiendo cada vez más en una diseñadora que experimenta por el puro placer de experimentar. Probarás las técnicas una y otra vez e irás desarrollando nuevas ideas. Usa una libreta para anotar tus ideas y pruebas. Aparta algunas prendas que ya no tengas previsto usar para poder experimentar con ellas.

Yo tuve la suerte de estudiar una carrera artística que me permitió ir pasando de un proceso artístico a otro durante años. El tiempo que me tomé para experimentar, fracasar y mejorar me dejó una huella imborrable. Probando no solo mejoras tus habilidades, sino que también aprendes a confiar más en ti misma. Al final, cada vez estarás más segura de que de la mayoría de los proyectos acabará saliendo algo bueno.

Utiliza mis consejos como inspiración y ayuda para empezar.

Pero si quieres usar un hilo de otro color o cambiar el largo de un vestido, ¡adelante! No importa si las primeras costuras no te quedan perfectas.

La confección, como todo lo demás, es cuestión de práctica.

Proyectos de confección

¡Bienvenida a la sección práctica de este libro! Ha llegado la hora de transformar tu armario y darle un toque de alegría. Al recopilar las ideas, me he centrado en prendas fáciles de trabajar, como blusas, camisetas de manga corta, faldas y pantalones, y a partir de ellas he concebido una gama de modelos que incluye desde sencillas prendas básicas hasta artículos que atraerán todas las miradas. Los proyectos están divididos en cuatro secciones según el grado de transformación de la prenda.

En la sección **Transformación ligera** encontrarás ideas para transformar la superficie mediante técnicas como la estampación y el uso de agujas de fieltrar, entre otras. Después pasamos a la adaptación de ropa para las necesidades del momento, con un grado de transformación ligero o medio. Si es lo que estás buscando, la sección adecuada es **Transformación media** A continuación tenemos la sección de **Deconstrucción**, en la que cortamos las prendas y recomponemos los diseños. **Nuevo** es el último nivel de rediseño. En este caso, lo único que se aprovecha de la prenda es la tela: la cortamos y la combinamos con otras telas para crear un artículo nuevo. Los pasos más importantes se ilustran con sencillos dibujos para que entiendas mejor cómo proceder.

Un consejo: lee las instrucciones hasta el final antes de ponerte manos a la obra.

Cuatro pinceladas sobre los materiales

Punto de algodón, telas de blusas, tela vaquera, punto... En mis proyectos he seleccionado materiales que, aparte de agradables, son fáciles de trabajar y de cuidar. Para que sepas qué aspectos debes tener en cuenta con cada material, a continuación te hago un pequeño resumen.

Punto (camisetas, etc.):
No se deshilacha, debe trabajarse con punto elástico o en zigzag.
> Utiliza una aguja para punto.

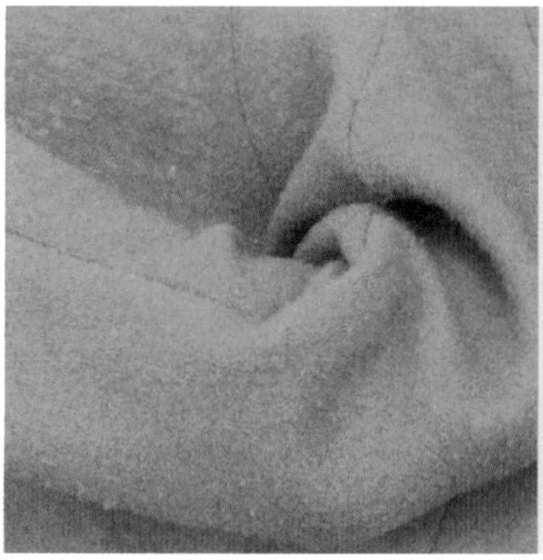

Tela afelpada (sudaderas con capucha, pantalones de chándal, etc.):
No se deshilacha, es bastante elástica.
> Se trabaja como el punto.

Punto de lana (jersey):
Para limpiar las prendas tejidas es suficiente con airearlas. Otra opción es usar el programa para lana o lavarlas a mano.
> No se deshilacha y se puede trabajar como el punto.

Tela vaquera (denim):
Se deshilacha y debe coserse haciendo un zigzag.
> En la máquina de coser, es importante que uses una aguja para tela vaquera. Este tipo de tela es gruesa y resistente, por lo que debes ir con cuidado al coserla.
> Te recomiendo que cosas las partes más gruesas poco a poco; si es necesario, mueve la rueda de la máquina manualmente.

Tela de blusas/popelín/batista:
Se puede coser con la puntada de pespunte normal, porque la tela no es elástica.
> Se deshilacha y debe coserse haciendo un zigzag.
> Si el material es fino, usa una aguja fina.

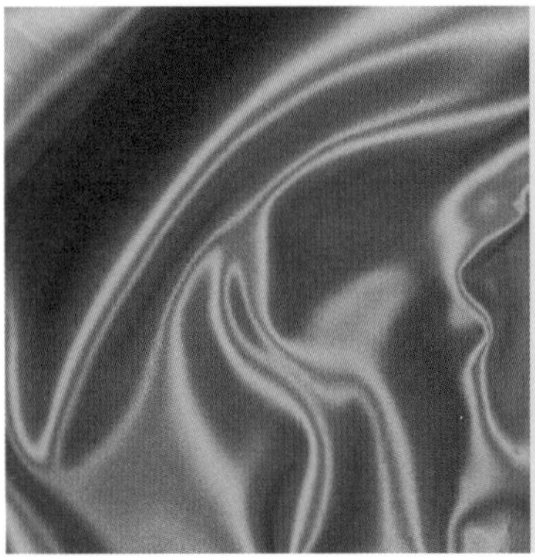

Seda:
Se recomienda lavarla a mano o con el programa para seda. > Se deshilacha y debe coserse haciendo un zigzag. Utiliza una aguja fina. > La seda es un tipo de tela que refresca en verano y abriga cuando hace frío. Además, tiene un tacto muy agradable.
> Las prendas de este material tienen caída y suelen quedar muy bien.

Utensilios que necesitas para coser

Para coser necesitas algunos utensilios. Te recomiendo que inviertas en material de buena calidad que puedas aprovechar durante muchos años, como unas buenas tijeras de costura.

› Tijeras de sastre grandes
› Tijeras en punta pequeñas
› Descosedor
› Escuadra
› Cinta métrica
› Agujas para coser a mano de diferentes grosores
› Hilo, de buena calidad
› Jaboncillo de sastre o rotulador para tela
› Máquina de coser:

Te recomiendo una máquina de coser de buena marca que tenga la opción de coser con punto elástico y tecla de marcha atrás/remate; no hace falta que sea electrónica. Algunos establecimientos ofrecen máquinas de coser de marca usadas que han pasado las revisiones pertinentes.

› Agujas para la máquina de coser:

Aparte de las agujas de diferentes grosores, te recomiendo que compres agujas para tela vaquera, para coser los materiales más gruesos, y agujas para punto, para coser todo tipo de telas de punto elásticas.

› Maniquí:

Si quieres hacer drapeados y experimentar a menudo con superficies tridimensionales, te irá bien tener un maniquí. Yo compré el mío por internet a muy buen precio. Si no encuentras un maniquí de tu talla, puedes adaptarlo fácilmente: envuélvelo con tela o guata hasta conseguir las dimensiones que quieras y, después, ponle un tubo de tela que quede ceñido para sujetarla.

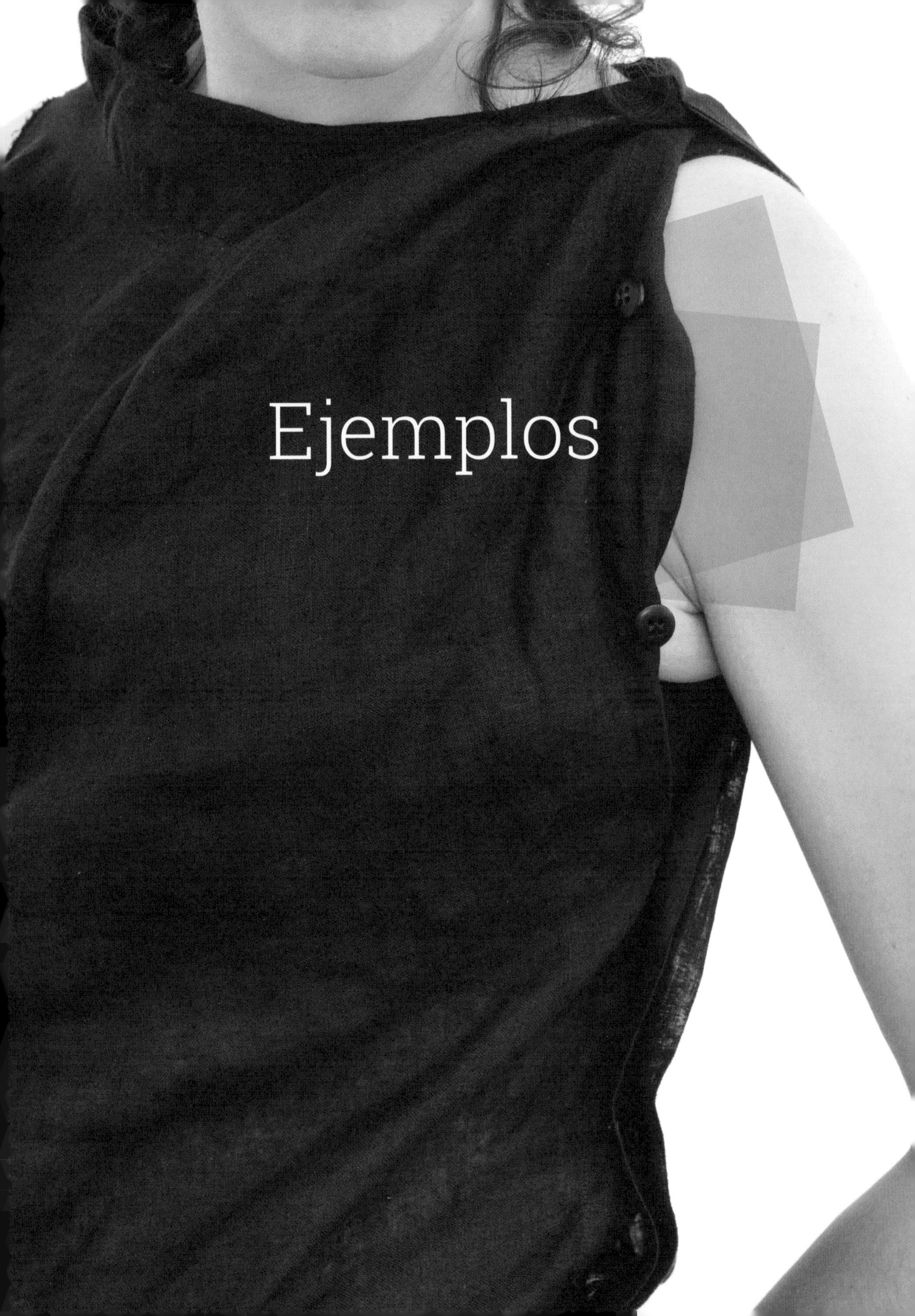

Ejemplos

Blusa estampada con patatas

Una blusa sencilla se puede transformar fácilmente en una moderna blusa inspirada en el estilo escandinavo. Para ello, solo necesitas patatas y un poco de colorante.
Usar las patatas como instrumento para estampar tiene varias ventajas. Por una parte, es algo que todas tenemos en casa y, por la otra, se pueden reciclar: cuando acabemos podemos desecharlas como residuo orgánico.

1 CÓMO PREPARAR LA PRENDA

Plancha la blusa. > A continuación, pon un trozo de cartón grande entre las dos capas para evitar que el colorante traspase a la parte posterior de la blusa.

2 CÓMO ESTAMPAR LA BLUSA

Lava las patatas y córtalas en sentido transversal. > En cada una de las cuatro mitades, talla triángulos en relieve de diferentes tamaños. > Seca las superficies cortadas con el trapo.

Para estampar las formas, aplica el colorante con un pincel en los triángulos de las patatas y, después, estámpalos en la tela. > Yo suelo pintar la patata con un pincel, porque me gusta que se noten las pinceladas en la forma estampada. Pero si lo que quieres es conseguir un efecto más homogéneo, píntala con una esponja.

Con respecto al orden, he empezado a estampar triángulo por triángulo desde la parte superior izquierda y he ido bajando. Si lo haces así, no mancharás la blusa con las formas ya estampadas.

Estampa la parte delantera de la camisa siguiendo este procedimiento, deja secar el colorante y, después, procede de la misma forma con la parte trasera. > Deja secar el colorante de nuevo, quita el cartón y plancha la camisa para fijar el color. > Lava bien los trozos de patata y recíclalos como residuo orgánico.

Si es la primera vez que utilizas esta técnica, haz algunas pruebas antes estampando en un retal; así te harás una idea de cómo queda la capa de color y de la presión que debes aplicar.

MATERIAL:
- Blusa o camisa
- Colorante textil
- 2 patatas
- Retal (como trapo para limpiar)

UTENSILIOS:
- Cuchillo de cocina
- Punzón
- Pincel
- Plancha

Camiseta con aplique

Si tienes una camiseta que te parece aburrida o que tiene incluso manchas y agujeros, es hora de tirar de un aplique. En este caso, está compuesto por un gran número de pétalos de tela colocados de forma asimétrica que esconden las partes menos bonitas de la prenda. En definitiva, hacen que la camiseta luzca más bonita y más poética que nunca. Los apliques son fáciles de hacer, solo requieren un poco de tiempo.

1 CÓMO CORTAR Y DISPONER LAS PIEZAS

A partir de los retales de punto, corta círculos de diferentes tamaños que tengan entre 2 y 3 cm de diámetro. > Colócalos por encima de la camiseta y préndelos con alfileres. Te recomiendo que dispongas y cosas los círculos por partes.

2 CÓMO COSER EL APLIQUE

Para coser los círculos que tienes sujetos con alfileres, cose dos líneas en forma de X en el medio de cada círculo, rematando con la máquina hacia adelante y hacia atrás. > A continuación, pon otros círculos entre los que ya están cosidos y cóselos con cuidado. Sigue poniendo y cosiendo círculos hasta que la superficie que quieres cubrir esté repleta de pétalos. > Corta los hilos para que quede pulido.

Para este diseño, también queda bonita una gradación de colores: primero colocas los círculos de un color tupidos, y poco a poco vas introduciendo otro color hasta que este sustituye por completo al primero.

MATERIAL:
- Camiseta
- Retales de punto en colores que combinen
- Hilo de un color que combine con las telas

UTENSILIOS:
- Tijeras de sastre
- Alfileres
- Máquina de coser

Leggings pintados

Transformar unos *leggings* grises es muy fácil. Solo tienes que lanzarte y experimentar con colorante textil. Los de este libro han adquirido una estética completamente nueva gracias a las salpicaduras de pintura aplicadas con ímpetu, que les dan un toque energético. En este tipo de diseño, lo que cuenta es el azar y pasárselo bien ensuciándose las manos y jugando con el pincel. Es posible que al principio te cueste un poco dejarte llevar y sumergirte en la parte creativa de esta técnica. Pero, tranquila, cuando hayas empezado verás que te lo pasas genial. Este método se puede aplicar a otras prendas.

MATERIAL:
- *Leggings*
- Colorante textil de color azul cerceta y negro

UTENSILIOS:
- Base protectora (para no manchar la superficie de trabajo)
- Pincel grueso de una tienda de bricolaje
- Bata de trabajo o delantal
- Opcional: guantes desechables finos (si tienes las manos delicadas)

COLOCA EL PANTALÓN SOBRE LA BASE PROTECTORA

Pon gotas grandes del colorante azul cerceta (directamente del tubo) sobre los *leggings*. > Con el pincel, extiende el colorante a tu gusto. ¡Déjate llevar! > Ahora, pon gotas más pequeñas del colorante negro y extiéndelo con el pincel. > Por último, arruga los *leggings* con las manos para extender todavía más el colorante. > Cuelga los *leggings* para que se sequen. > Una vez secos, pinta la parte trasera siguiendo el mismo procedimiento. > Deja secar de nuevo. > Plancha los pantalones para fijar el color.

Camisa con gradación de colores

Si quieres transformar una prenda, teñirla es la solución más fácil. Esta vieja camisa ha recibido un toque de color y vitalidad que le ha abierto de nuevo las puertas de mi armario. Para aplicar la gradación de colores, se sumerge la prenda por pasos en un baño de tinte.

MATERIAL:
- Camisa
- Colorante textil

UTENSILIOS:
- Cubo (o tina)
- Guantes de goma
- Bata de trabajo (o similar, para no manchar la ropa si salpica el colorante)
- Tendedero
- Pinzas para la ropa
- Opcional: taburete

CÓMO PREPARAR LA PRENDA

Prepara la camisa para teñirla y ponla unos 10 minutos en remojo en agua tibia. > Prepara el baño de tinte como se indique en las instrucciones del producto y viértelo en el cubo.

CÓMO TEÑIR LA CAMISA

Sumerge la camisa hasta el punto en que quieras teñirla. > A continuación, sácala poco a poco, por fases. > Deja en el baño de tinte (tiempo según las instrucciones) la parte de la camisa que quieras que quede con un color más intenso. > Para no tener que sujetar la camisa con las manos todo el rato, puedes poner el cubo debajo de un tendedero y colgarla con unas pinzas. Si es necesario, pon el cubo sobre un taburete. > Finalmente, lava la camisa y deja que se seque.

Camiseta pintada con drapeado en un hombro

Esta camiseta está confeccionada a partir de una cómoda camiseta larga y ancha de color blanco natural con los bordes sin rematar. ¿Quién lo diría, verdad? Los trazos experimentales que dan profundidad al diseño y el drapeado asimétrico en un hombro la han transformado por completo. Para diseñarla, me he inspirado en el movimiento, el viento y las olas del mar. El borde del cuello lo he cosido a mano para que quede más pulido.

MATERIAL:
- Camiseta de manga larga de un color claro
- Colorante textil negro

UTENSILIOS:
- Tijeras de sastre
- Cartón grande
- Pincel ancho
- Plato
- Base protectora
- Plancha
- Máquina de coser
- Opcional: maniquí

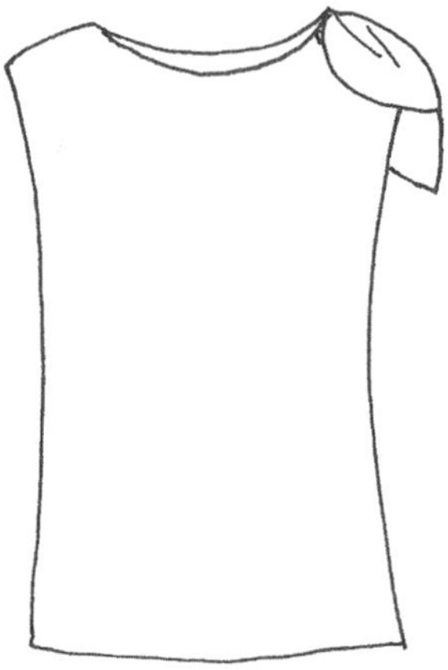

1 CÓMO PREPARAR LA PRENDA

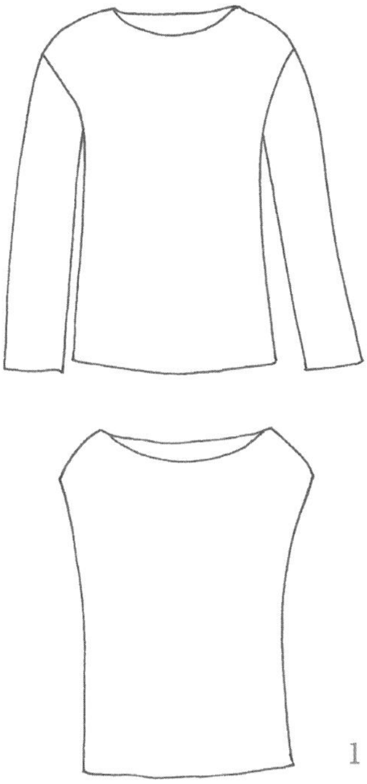

1

Plancha la camiseta de manga larga. > Póntela para comprobar que te vaya bien. > Si quieres, puedes entrarle de los laterales para que te quede más ajustada. > Corta las mangas por la costura para poder pintarlas mejor después. > Coloca la camiseta sobre una superficie plana y ponle el cartón por dentro para que quede bien estirada. > Decide en qué dirección quieres pintarla. Para hacer este modelo, he empezado por la parte superior derecha y he ido bajando: como ves, la cantidad de colorante va de más a menos.

2 CÓMO PINTAR LA CAMISETA

2

Pon bastante colorante en un plato, moja el pincel y pinta la camiseta de arriba abajo con trazos fuertes. Al pintar con firmeza, se hacen arrugas en la tela. No pasa nada, simplemente aplica una buena capa de colorante por encima de las arrugas y se formarán pequeñas olas. > Si añades un poco de agua al colorante, cambiarán la densidad y la estructura del color. Al disolverse, se obtiene una gradación. Yo he optado por usar el color puro, en seco, para conseguir una intensidad de color alta y una aplicación definida. > Ahora solo te faltan tres pasos:

- Pinta las mangas. Deja que se sequen.
- Pinta la parte trasera de la camiseta. Deja que se seque.
- Coloca la camiseta de forma que la costura lateral quede en el centro.

Este paso sirve para mejorar la transición entre las piezas delantera y trasera de la prenda. La zona de los hombros también es importante. Repasa los trazos como creas conveniente.

> Ahora que ya tienes todas las partes pintadas, deja secar la camiseta y fija el colorante con la plancha de acuerdo con las instrucciones del fabricante.

3 DRAPEADO DEL HOMBRO

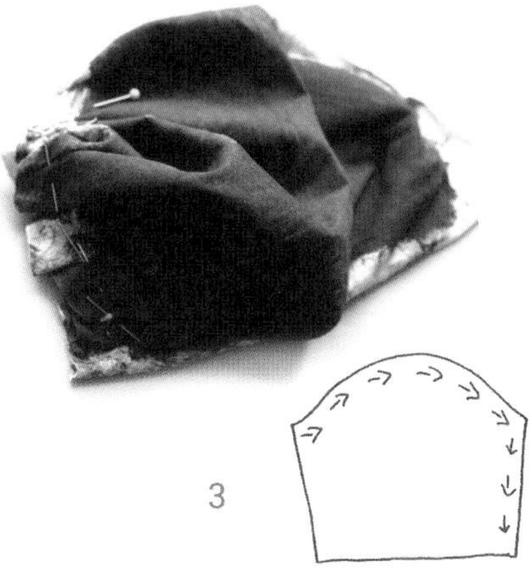

3

Para hacer el drapeado del hombro, corta ambas mangas dejando unos 3 cm de manga en la costura del hombro. > Elige una manga y córtala unos 25-30 cm por debajo de la copa de la manga. > Haz pliegues alrededor del trozo de manga y préndelos con alfileres. > Cose con puntadas grandes. > Fija la pieza al hombro con alfileres como más te guste.

Si te estás iniciando en la técnica de pintar ropa, te recomiendo que pruebes antes a pintar un retal con un pincel de la manera más espontánea que puedas. Además, para ir sobre seguro te sugiero que empieces por la parte trasera de la prenda. En este modelo, el color es una parte importante del mensaje. Cuanto más oscuro sea el color y más fuerte el contraste con el color original de la camiseta, más potente será el mensaje que transmitas. Si quieres un diseño más suave y menos expresivo, solo tienes que utilizar colores más claros.

Camiseta pintada y atada al cuello

Si tienes una camiseta que te queda demasiado estrecha por la parte de los hombros, existe, como mínimo, una solución para poder seguir poniéndotela. Del modelo gris claro que ves aquí, me gustaba el dibujo y quería conservarlo. En cuanto al azul oscuro, me encantaban la tela y el color, pero el estampado ya no me gustaba. Atadas al cuello, ambas prendas quedan que ni pintadas. Sin duda, son más bonitas que antes. (Para el modelo gris claro se sigue el mismo procedimiento hasta la fase de pintar la tela.)

MATERIAL:
- Camiseta
- Colorante textil para telas oscuras

UTENSILIOS:
- Tijeras de sastre
- Pincel de cerdas, mediano (para pintar la prenda)
- Plancha
- Opcional: maniquí

1 CÓMO CORTAR LA CAMISETA

Corta las mangas y recorta la sisa a tu gusto. En este modelo, el ancho del tirante es de 11 cm. > Corta la parte trasera justo a la altura de la sisa, de forma que la parte superior solo quede unida a la parte delantera por la zona de los hombros. > En la parte trasera, corta la tela justo por el medio y haz un nudo con ambas partes a modo de prueba. > Ajusta el ancho del tirante con las tijeras.

2 CÓMO PINTAR UN ESTAMPADO

Si quieres pintar la camiseta, lo más fácil es ponerla en un maniquí bien estirada. > A continuación, pinta con el colorante textil el estampado que quieres cubrir y un trocito más. > Extiende el colorante con el pincel hacia fuera de forma que el final del trazo se vaya difuminando.
> Haz las pinceladas de acuerdo con la línea de corte y hacia atrás. No olvides pintar los tirantes que se atarán al cuello. > A continuación, aplica toquecitos de color con el pincel. > Deja secar. > Plancha la camiseta para fijar el colorante.

1

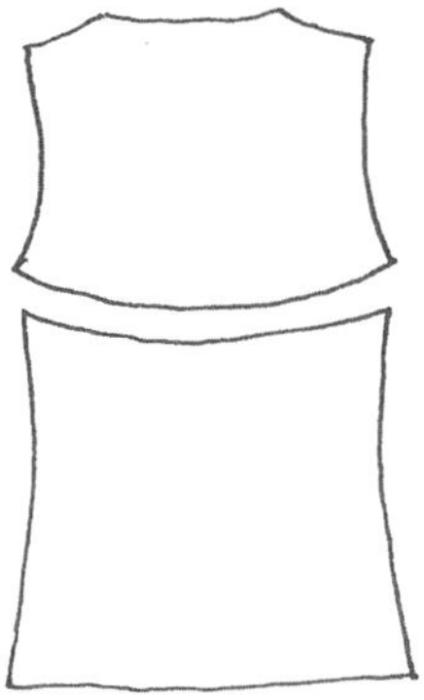

2

Vista de la parte trasera.

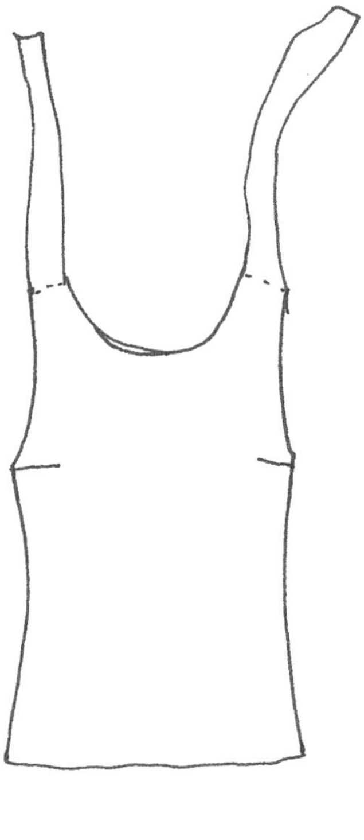

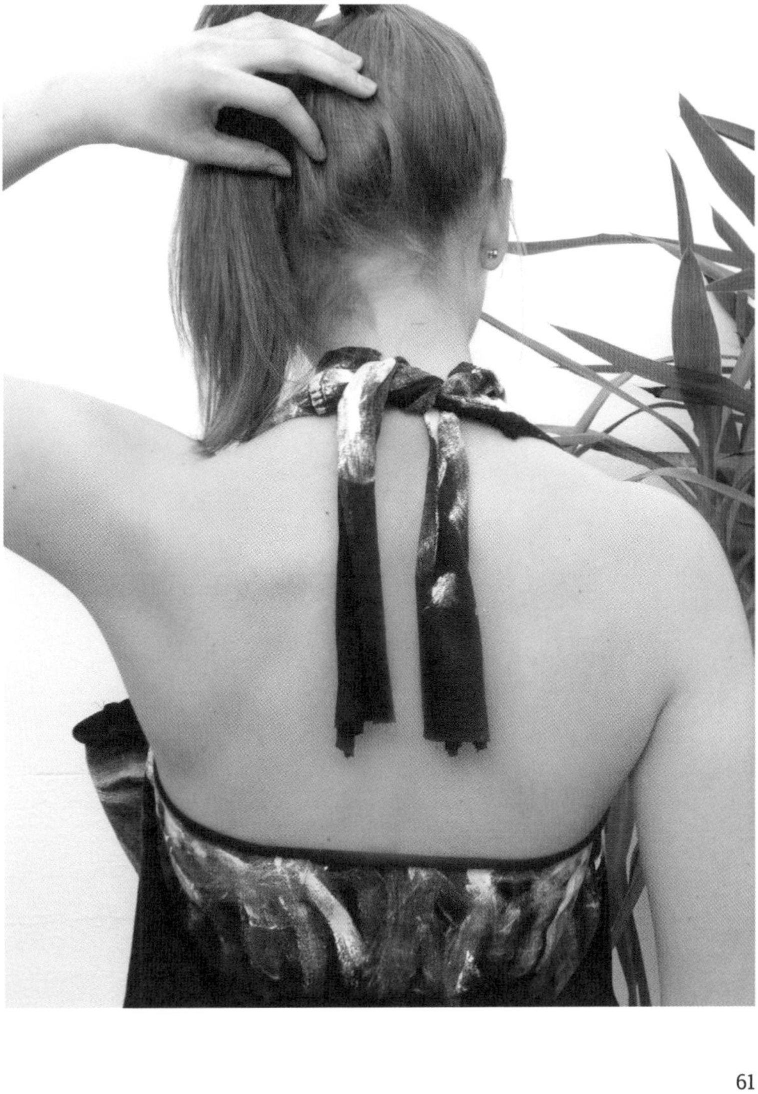

Camiseta alargada con detalle geométrico

¿Qué podemos hacer con una camiseta que se nos ha quedado corta? Pues alargarla. Solo necesitarás otra camiseta vieja. Ya verás que con esta técnica pronto te la puedes volver a poner. Eso sí, debes decidir si solo quieres alargarla un poco o si quieres convertirla en una camiseta de corte largo. En mi caso, además, he dado un toque más alegre a la camiseta con apliques geométricos.

MATERIAL:
- Camiseta
- Camiseta de la misma talla para cortarla
- Hilo de un color que combine
- Retales de punto e hilo torzal

UTENSILIOS:
- Tijeras de sastre
- Tijeras en punta pequeñas (para las tareas más minuciosas)
- Alfileres
- Aguja
- Máquina de coser
- Escuadra
- Jaboncillo de sastre o lápiz de marcado
- Opcional: aguja para punto

1 CÓMO PREPARAR LA PRENDA

Ponte la camiseta que quieras alargar y calcula cuánto trozo le falta. Ante todo, ten en cuenta que la costura que unirá esta camiseta y la pieza adicional para alargarla se coserá exactamente en la costura del dobladillo de la primera. Por tanto, calcula el largo de la pieza adicional y súmale unos 2,5 cm, que es el trozo de tela que necesitarás para hacer la costura del dobladillo y el dobladillo. A este largo, añádele 1,5 cm más de margen de costura.

1

2 CÓMO CORTAR LA TIRA DE ROPA

De la segunda camiseta, recorta una pieza de la parte inferior del tamaño que hayas calculado; lo más práctico es que ya tenga el dobladillo hecho. > Comprueba que la tira no sea más ancha que la primera camiseta. Si lo es, métele el trozo que corresponda. > Coloca la tira por dentro de la primera camiseta y préndela con alfileres a esta de forma que coincidan las costuras laterales de ambas partes. > La pieza adicional está por detrás de la primera camiseta. Ponla 1 cm por encima de la costura del dobladillo de la primera camiseta. > A continuación, hilvánala a mano. > Pasa un pespunte con punto elástico por el derecho de la camiseta; otra opción es coser con un pequeño zigzag. > Al coser, mantén la camiseta estirada. > Recorta el margen de costura sobrante.

2

3 CÓMO REALIZAR EL ADORNO GEOMÉTRICO

Utiliza los retales para cortar triángulos de diferentes tamaños que habrás marcado previamente con la escuadra y el jaboncillo. > Dispón los triángulos encima de la camiseta creando una gran forma geométrica. > A continuación, préndelos con alfileres. > Cose los triángulos a mano con pequeñas puntadas de pespunte, a una distancia de unos 2 mm del borde. En este modelo he usado torzal. > Si lo prefieres, puedes pasar un pespunte por los triángulos a máquina y, después, coser pequeñas puntadas en zigzag a canto.

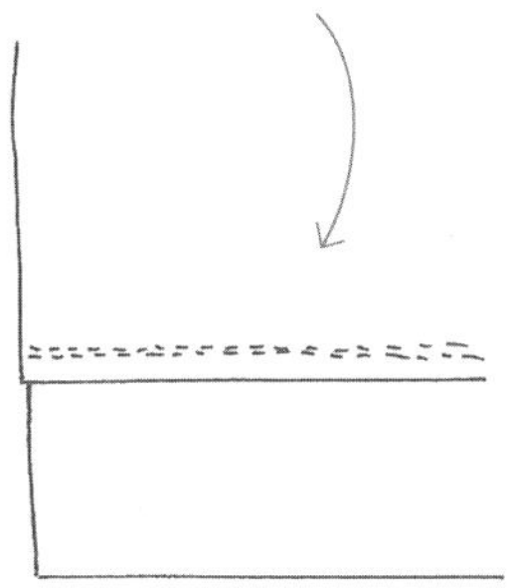

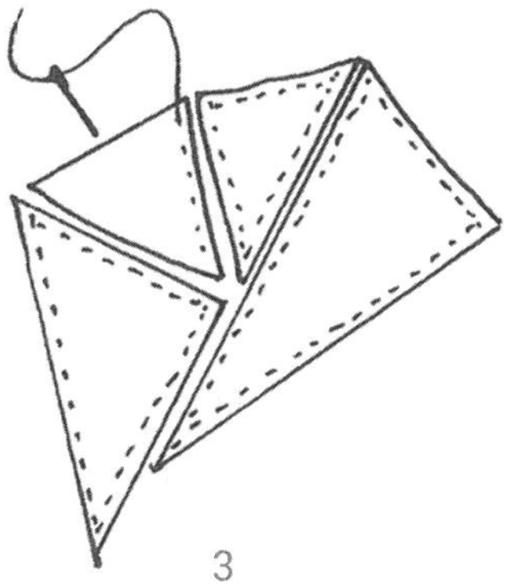

3

Camiseta extragrande con gradación de colores

Los baños de tinte para crear una gradación de colores son una forma fácil de renovar tus prendas. En este caso, he usado una vieja camiseta de cuello vuelto de mi marido y la he convertido en una camiseta extragrande para mí con un degradado de tonos baya. Los bordes sin rematar son el toque final de este *look* informal y moderno.

MATERIAL:
- Camiseta de cuello vuelto, extragrande
- Colorante textil

UTENSILIOS:
- Tijeras de sastre
- Cubo (o tina)
- Guantes de goma
- Bata de trabajo (para no manchar la ropa si salpica el colorante)
- Tendedero
- Pinzas para la ropa
- Opcional: taburete

1

1 CÓMO PREPARAR LA PRENDA

Corta el cuello vuelto de la camiseta y dale la forma que quieras al escote. > Corta las mangas, dejando solo un pequeño trozo. > Prepara la camiseta para teñirla y ponla unos minutos en remojo en agua tibia. Este paso es importante para conseguir una aplicación uniforme del color.

2 CÓMO TEÑIR LA PRENDA

Ponte los guantes y vierte el colorante textil en un cubo con agua según las instrucciones del producto. > A continuación, sumerge la prenda boca abajo en el baño de tinte durante el tiempo que quieras y, con las pinzas de la ropa, cuelga la parte de la camiseta que no vas a teñir en el tendedero. En caso necesario, utiliza un taburete para que el cubo esté más elevado.

3 CÓMO CONSEGUIR LA GRADACIÓN DE COLORES

La prenda absorbe el color, cuya intensidad va aumentando. > Transcurridos unos minutos (o cuando hayas conseguido la intensidad deseada), saca un trozo de la tela del baño de tinte. Así obtendrás la gradación deseada. El tiempo de inmersión de la ropa puede variar de unos minutos a media hora e incluso más. Ten en cuenta que los colores mojados parecen más intensos que cuando están secos. > Lava la camiseta para eliminar el colorante sobrante y deja que se seque.

Ten en cuenta que los colores mojados parecen más intensos que cuando están secos.

2

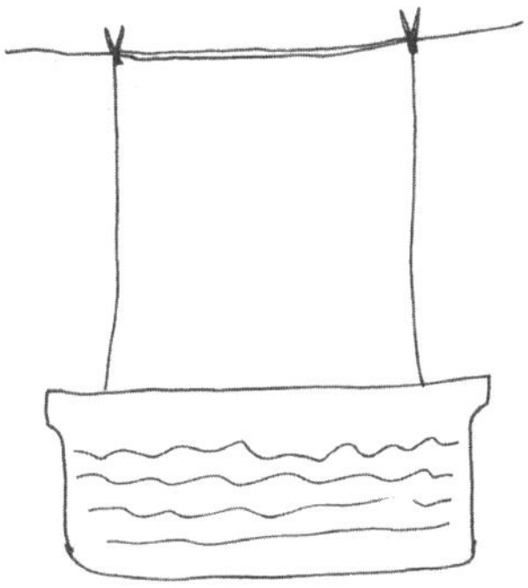

Transcurridos unos minutos, saca un trozo de tela del baño de tinte.

3

Jersey con diseño de día lluvioso

¿Qué podemos hacer con esos jerséis de lana anchos pasados de moda? Usarlos como base para nuevos diseños. Y no solo porque la lana te mantiene abrigado y no requiere grandes cuidados, aparte de airearla periódicamente. De un aburrido jersey ancho de cuello vuelto podemos hacer un alegre jersey con un adorno de nubes y gotas de colores.

MATERIAL:
- Jersey de lana liso
- Retales de lana apelmazada de varios colores
- Hilo

UTENSILIOS:
- Tijeras de sastre
- Alfileres
- Máquina de coser

1 CÓMO CORTAR, LAVAR Y PLANCHAR LA PRENDA ORIGINAL

Corta el jersey. Es decir, quítale el cuello vuelto y corta las mangas dejando unos 2 cm más allá de la costura del hombro. > Lava el jersey con el programa para lana. Así conseguirás que se enmarañen un poco los bordes que acabas de cortar. > Deja que se seque y plánchalo ligeramente.

2 CÓMO REALIZAR EL ADORNO DE LA NUBE Y LAS GOTAS DE LLUVIA

De los retales de lana apelmazada, recorta una nube y gotas de diferentes tamaños. > Colócalos sobre el jersey, préndelos con alfileres y pásales un pespunte. > Por último, corta los hilos.

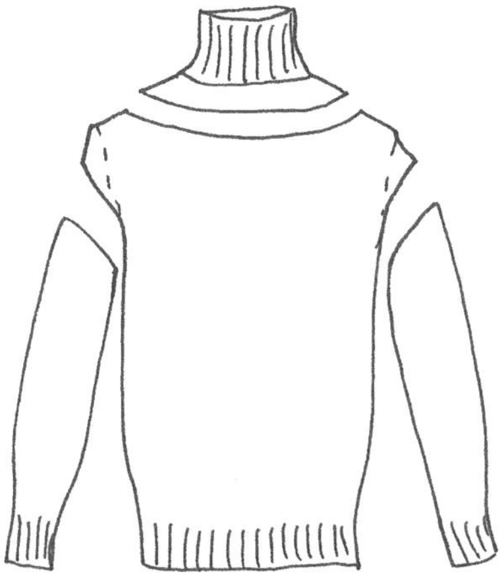

1

2

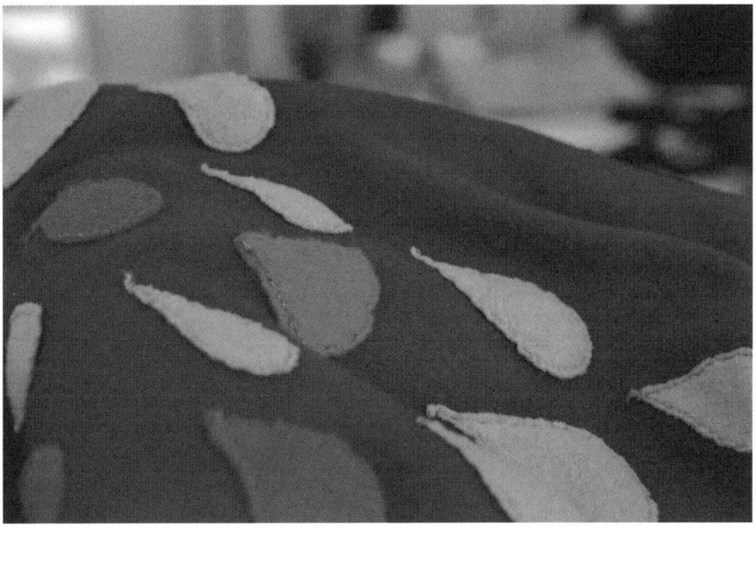

Jersey extragrande

Revolviendo mi armario me encontré con esta sudadera con capucha que compré hace tiempo en una tienda de segunda mano porque me gustó su estampado gráfico. Aunque la verdad es que solo me la puse una vez, porque las mangas eran demasiado largas y el cuello demasiado cerrado. Por no hablar del elástico, que estaba dado de sí. Sin duda, esta sudadera no estaba hecha para mí. Ahora, gracias a las tijeras de sastre y algunos pequeños retoques, ha cobrado vida al transformarse en una prenda chic para el día a día.

MATERIAL:
- Sudadera con capucha o suéter
- Hilo

UTENSILIOS:
- Tijeras de sastre
- Máquina de coser

1 CÓMO CORTAR LA PRENDA

Corta 20 cm de la parte inferior de cada manga de la sudadera. > Corta también la capucha. Fíjate en que el cuello no quede redondo, sino más bien recto. > Dobla el borde del escote hacia dentro 1 cm y cóselo con punto elástico o en zigzag mediano/grande. > Dobla hacia adentro el dobladillo de la manga y cóselo.

2 PUÑOS DE LAS MANGAS

Arremanga las mangas. > Corta con cuidado el elástico del dobladillo, asegurándote de cortar por la zona del elástico, no de la sudadera. El resultado será un borde perfecto y estable que no necesitará sobrehilado.

Variantes más ajustadas: si quieres estrechar el dobladillo del jersey, tienes dos opciones: hacer unos pliegues en la parte central del dobladillo delantero y trasero, o bien entrar las costuras laterales por el interior del jersey, desde el pecho hasta el dobladillo.

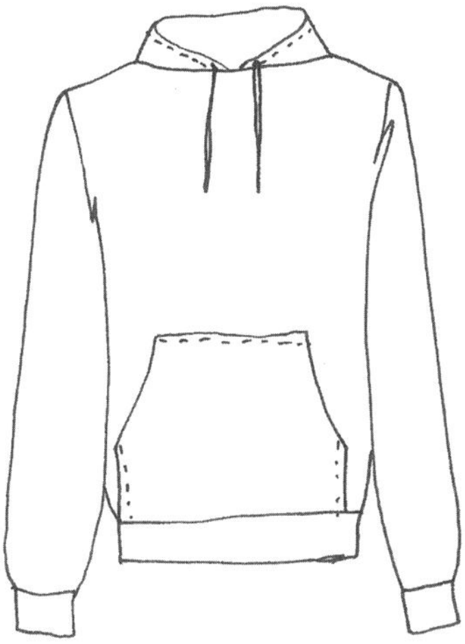

1

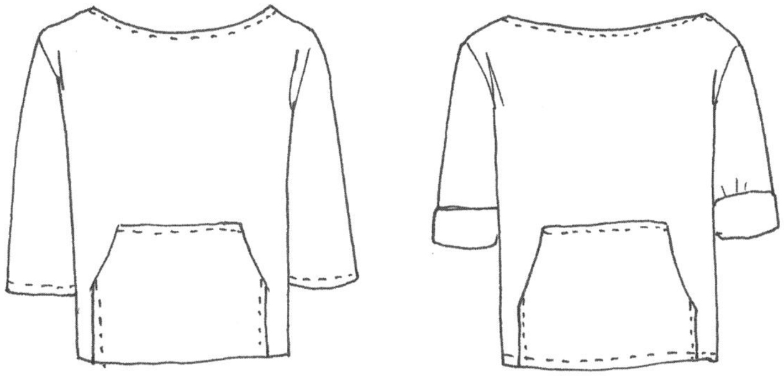

2

Blusa romántica

Si tu novio tiene una camisa que cuelga desde hace años en el armario, que nunca se pone y que hasta tiene el cuello gastado, ha llegado la hora de convertirla en una blusa para ti. En este caso, la camisa se transforma en una sencilla blusa romántica en un tono suave.

MATERIAL:
- Camisa
- Cinta de goma de 5 mm de ancho
- Hilo de seda

UTENSILIOS:
- Tijeras de sastre
- Máquina de coser
- Alfileres
- Imperdible pequeño

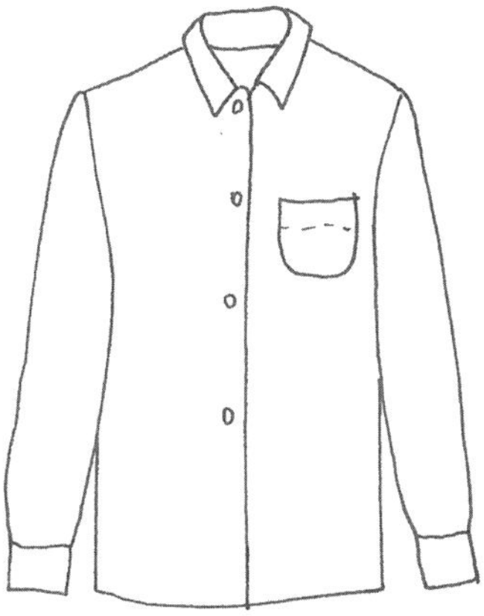

1

1 CÓMO CORTAR LA PRENDA

Decide el largo de las mangas y añádele 3 cm de margen de costura. Corta la parte de la manga sobrante. > Da la forma que más te guste al escote, pero deja también 3 cm de margen. > Corta el cuello de la camisa.

2 CÓMO COSER EL ESCOTE

Pasa un pespunte por la tira de botones en paralelo al borde del cuello. > Dobla hacia adentro dos veces el margen de costura del escote y préndelo con alfileres. Fíjate en que el hueco que quede sea lo suficientemente ancho para poder pasar la cinta de goma después. > Coser el hueco alrededor del cuello es un poco difícil, porque la tela no se estira. Es inevitable que se hagan arrugas. Si quieres que te quede perfecto, recorta el margen de costura 1 cm y cose el escote derecho con derecho con una cinta de bies de un color similar.

3 CÓMO COSER EL DOBLADILLO DE LAS MANGAS

Para coser el dobladillo de las mangas, también debes doblar hacia adentro dos veces el margen de costura y prenderlo con alfileres. > Pásale un pespunte y deja 5 cm de ancho para pasar la cinta de goma.

4 CÓMO PASAR LA GOMA

Clava el imperdible en un extremo de la cinta de goma y mételo por el hueco del dobladillo de la manga. > Pon un extremo de la goma encima del otro y atácalo en sentido transversal. > A continuación, pasa un pespunte por la abertura.

Mete la cinta de goma por el hueco del cuello de la blusa y ataca el principio de la goma. > Pasa la goma y calcula el ancho. > Al otro lado de la tira de botones, fija el largo deseado y pásale un pespunte.

Al coser el escote, recomiendo empezar el hueco para pasar la cinta de goma después de la tira de botones para que esta quede plana.

2 + 3

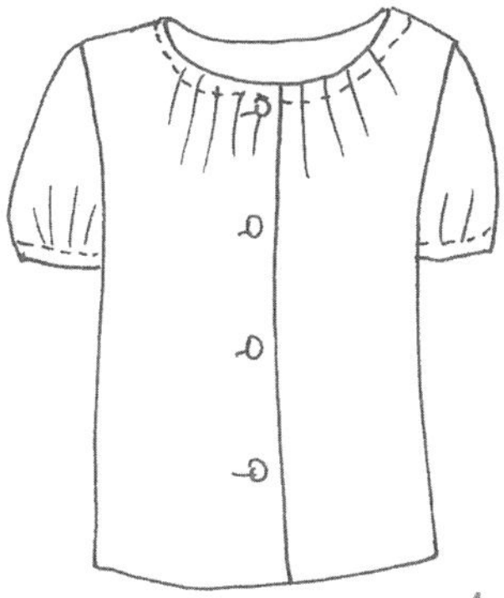

4

Elegante vestido de seda

Del armario salió una camisa de seda que volvió transformada en un elegante vestido del mismo material. La prenda de seda me la regalaron hace tiempo y nunca me la puse porque era demasiado corta y demasiado ancha. Ahora, combinada con una falda de seda de color verde, se ha convertido en un elegante vestido en tonalidades de una misma familia de colores. Simplemente perfecto. La tira de botones puede ir en la parte delantera del vestido o en la trasera, como prefieras.

1

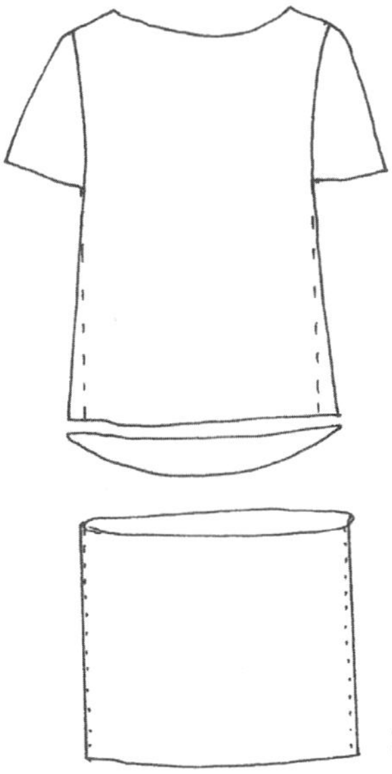

2

3

1 CÓMO TRANSFORMAR LA BLUSA

Corta el cuello de la blusa; agranda un poco la parte trasera del escote. > Corta las mangas a la medida que quieras, dobla hacia adentro dos veces el margen de costura, préndelo con alfileres y pásale un pespunte a medida de la patilla del prensatelas. > Corta el dobladillo de la blusa; si tiene una curvatura inferior, córtalo de forma que el bajo quede más bien recto. > Decide el largo de la blusa. En este caso, 60 cm. > Si quieres, estrecha el ancho de la blusa, pero ten en cuenta que el ajuste debe ser cómodo en la zona de la cadera; si no, la falda será demasiado estrecha. > Decide el largo del vestido. > Cose la tira de botones unos 5 cm desde abajo.

2 CÓMO CONFECCIONAR LA FALDA

Usa el bajo de la blusa como medida y corta dos piezas para hacer la falda que tengan el mismo tamaño. No olvides sumarle el margen de costura lateral (1,5 cm por lado) e inferior (4 cm). > Pasa un pespunte y sobrehíla el margen de costura. > Cose las costuras laterales y sobrehíla el margen de costura. > Cose la falda a la parte de arriba y sobrehíla el margen de costura. > Dobla dos veces el bajo y préndelo con alfileres. Las costuras del dobladillo quedan más bonitas si las coses a mano.

3 CÓMO PULIR EL ESCOTE DE LA BLUSA

Ponte el vestido y mira cómo te queda el escote. Si es necesario, retócalo. > Corta dos tiras al bies de la tela de seda verde y haz un ribete para el cuello.

En este modelo he combinado dos colores similares.

Variante: también queda muy bien el rosa con rojo o fucsia, u otras combinaciones parecidas. Si lo prefieres, puedes combinar colores que contrasten.
Gracias a la ancha banda elástica se puede ajustar el largo del vestido: puedes llevarla estirada hacia abajo o dejarla arriba. En el segundo caso, además, se consigue un efecto abombado. Este vestido combina a la perfección con un pañuelo de *patchwork* hecho a partir de las mangas.

MATERIAL:
- Camisa de seda
- Tela de seda, 0,70 × 1,20 m
- Hilo de seda

UTENSILIOS:
- Tijeras de sastre
- Máquina de coser
- Alfileres

Vestido de largo ajustable

El origen de este modelo es una blusa corta y ancha. Me la compré hace tiempo porque me gustaba el color, pero no me la puse porque el corte era poco favorecedor. Por suerte, se me ocurrió alargarla con una banda elástica y, a partir de ahí, ya tenía medio camino hecho para convertirla en un vestido.

MATERIAL:
- Blusa
- Trozo de tela de 120 × 60 cm
- Trozo de tela vaquera fina de 140 × 40 cm
- Tela de punto elástico de 20 cm de ancho
- Hilo

UTENSILIOS:
- Plancha
- Tijeras de sastre
- Tijeras en punta pequeñas
- Alfileres
- Máquina de coser
- Aguja
- Opcional: maniquí

Variante: modelo sin cuello.

1

1 CÓMO TRANSFORMAR LA BLUSA

Lava, deja secar y plancha la blusa, en este caso nunca usada, y el resto de las telas. > Decide qué largo quieres que tengan las mangas, añádele 2 cm de margen de costura y córtalas con un corte recto. > Dobla hacia adentro dos veces los márgenes de costura, préndelos con alfileres y pásales un pespunte con la máquina de coser.

Ahora, vamos a montar el vestido. > Si el dobladillo de la blusa tiene una curvatura, córtala de forma que quede más bien recto. > Ponte la tela elástica alrededor de la cadera, estírala bien y calcula el largo que debe tener. > Cose formando un círculo la banda de tela elástica que has cortado de acuerdo con la medida calculada. > Fija el bajo de la blusa con alfileres a la banda elástica estirada. Fija primero los cuatro puntos de ajuste principales: los laterales de la blusa y el centro de la parte delantera y trasera. Así, la tela está repartida de forma uniforme.

Cose la banda elástica a máquina estirándola bien para que la blusa quede plana. Si no tienes mucha experiencia cosiendo telas elásticas a telas normales, primero pon alfileres a mano por la costura y, después, cósela. > A continuación, sobrehíla los márgenes de costura juntos.

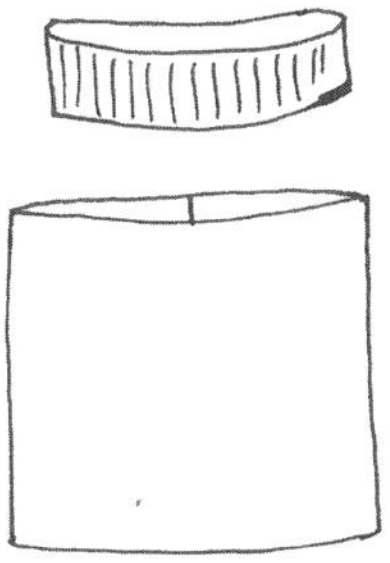

2

2 CÓMO CONFECCIONAR LA FALDA

Tómate la medida de la cadera y añádele el ancho que quieras para que el vestido tenga una holgura cómoda. > Ponte la parte de arriba y decide el largo que quieres que tenga el vestido. > Corta el trozo de tela conforme a la medida calculada dejando un margen de costura de 1,5 cm en el lateral y de 3 cm en el bajo, y cóselo a la banda elástica. > Sobrehíla los márgenes de costura juntos. > Dobla dos veces los márgenes de costura del bajo, préndelos con alfileres y pásales un pespunte. > Fija la banda elástica a la falda dejando la costura trasera justo en medio de la falda. Hazlo con la banda estirada. > Une las piezas: cóselas y sobrehíla los márgenes de costura juntos. ¡Ya lo tienes!

3 CÓMO HACER EL PAÑUELO

Corta las mangas por la costura y, después, corta los trozos de tela del mismo ancho que las mangas. Un extremo será más ancho que el otro, con lo cual el pañuelo quedará desigual. Si quieres hacer un pañuelo completamente recto, tendrás que igualar la parte de la manga. > Corta los trozos de tela a tu gusto para hacer las rayas del pañuelo y préndelos con alfileres. Puedes combinar trozos del derecho de la tela vaquera, más oscuros, con trozos del revés, más claros. Pon una manga en un extremo del pañuelo y la otra manga cortada (a la que le habrás quitado antes el puño) entre las rayas del pañuelo, para darle un toque de color. > Cóselo todo. > Plancha los márgenes de costura por el medio, separándolos. > Dobla el pañuelo a lo largo, de forma que el derecho quede en la parte interior. Prende los bordes con alfileres y pásales un pespunte, dejando una abertura en la parte menos ancha. Vuelve el pañuelo del derecho y estíralo. > Cierra la abertura con pequeñas puntadas a mano. > Plánchalo y ya tienes el pañuelo listo.

3

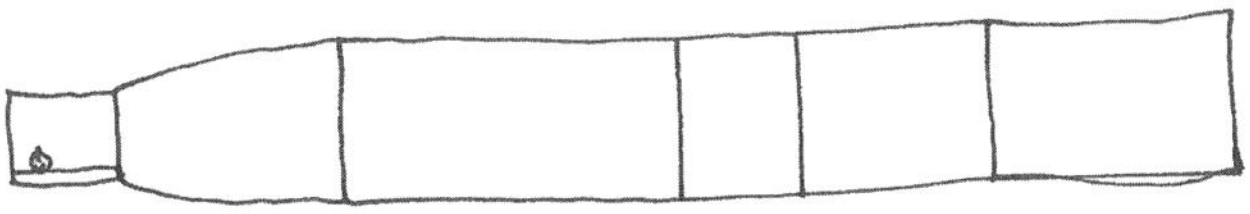

Vestido ceñido con cinturón

Hace unos años me compré un vestido tradicional de colores con la falda de volantes. Sin embargo, la zona de la cintura no me quedaba bien, por lo que lo tuve algunos años acumulando polvo en el armario hasta que se me ocurrió cómo transformar este romántico vestido lleno de color en un vestido que me quedara bien. El diseño ha tomado forma gracias al cinturón ancho de punto en azul oscuro y la falda de tela vaquera oscura. Pasó de ser romántico a elegante, con un colorido más discreto.

Si tienes bonitos vestidos tradicionales de colores o blusas hippies anchas que ya no te pones, probablemente has dado con la solución ideal. Además, los retales también nos pueden servir para crear artículos fantásticos. En mi caso, de la parte inferior del vestido he sacado una bonita braga para el cuello o la cabeza.

MATERIAL:

- Vestido tradicional de colores, blusa hippie o prenda similar
- Tela vaquera oscura y resistente para hacer la falda, de 80 × 140 cm (tamaño adecuado hasta la talla 42)
- Punto de buena calidad, tira A 12 × 100 cm, tira B 20 × 140 cm (tamaño adecuado hasta la talla 42)
- Hilo
- Opcional: cremallera

UTENSILIOS:

- Tijeras de sastre
- Alfileres
- Máquina de coser
- Plancha

1 CÓMO PREPARAR LA PRENDA

Ponte el vestido y decide la altura de la cintura. En mi caso, la altura estaba determinada por el corte de la prenda original. > Corta el vestido un poco por debajo de la cintura. No te deshagas del resto del vestido, porque después podrás usarlo para hacer un pañuelo, una braga o algún otro artículo.

2 CÓMO HACER LA FALDA

Pon la tela vaquera sobre una superficie plana. > Tómate la medida de la cadera. > Márcala en la tela añadiendo 5 cm de margen para el dobladillo y corta la parte delantera y trasera de la falda. > Prende ambas piezas de la falda con alfileres y pruébatela. > Esconde una parte del ancho que sobra por encima de la cadera, de forma que la línea hasta la cadera quede armónica. No le metas demasiado trozo, porque después el cinturón ancho le dará forma al vestido igualmente. > Cuando hayas calculado el ancho adecuado, puedes decidir si necesitas ponerle una cremallera en el lateral. Mi vestido no lleva cremallera y me lo puedo poner y quitar sin problemas. > Si decides ponerle cremallera, cósela a la falda. En cualquier caso, debes coser las costuras laterales y sobrehilar el margen de costura.

3 CÓMO MONTAR EL VESTIDO

Pon el borde de la parte de arriba del vestido sobre el borde superior de la falda, derecho con derecho. > Préndelo con alfileres, pásale un pespunte y sobrehíla el margen de costura. > Para hacer el bajo, dobla dos veces los márgenes de costura y cóselos. > Para hacer la cinta azul, cose la tira A en la parte estrecha del vestido y plancha los márgenes de costura por el medio, separándolos. Yo he dejado la cinta sin sobrehilar, pero si quieres que te queden los bordes acabados, corta las tiras dejando un margen de costura en el borde superior e inferior y sobrehílalos.

Ponte el vestido. Ponte la cinta azul por la cabeza a la altura de la cintura. Ata la tira B alrededor de tu cintura. ¡Ya lo tienes!

1

2

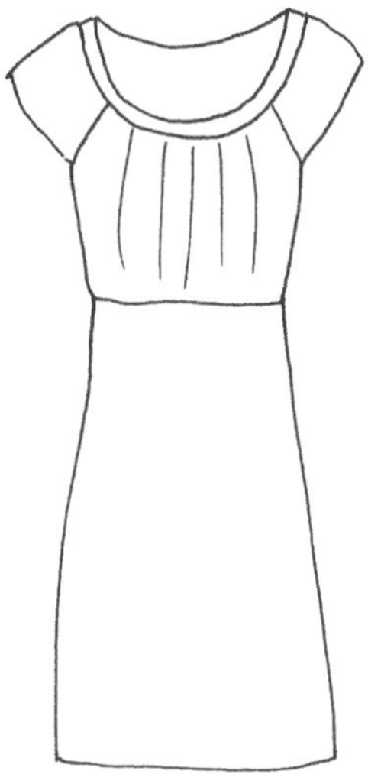

3

Chaqueta corta estilo años 60

Si quieres conseguir que una vieja prenda cobre vida, una buena opción es mejorar sus proporciones. En este caso, he transformado una chaqueta que me hice yo misma con lana apelmazada, pero que tenía detalles que no me acababan de gustar: el largo estaba entre abrigo y chaqueta larga, y las mangas eran demasiado anchas y largas. El resultado es una chaqueta corta de corte cuadrado con mangas tres cuartos, inspirada en el estilo de los años 60. Aunque esta elegante chaqueta es idónea para ir a la oficina, también se puede combinar con prendas de diferentes largos para lucir un *look* a capas más informal.

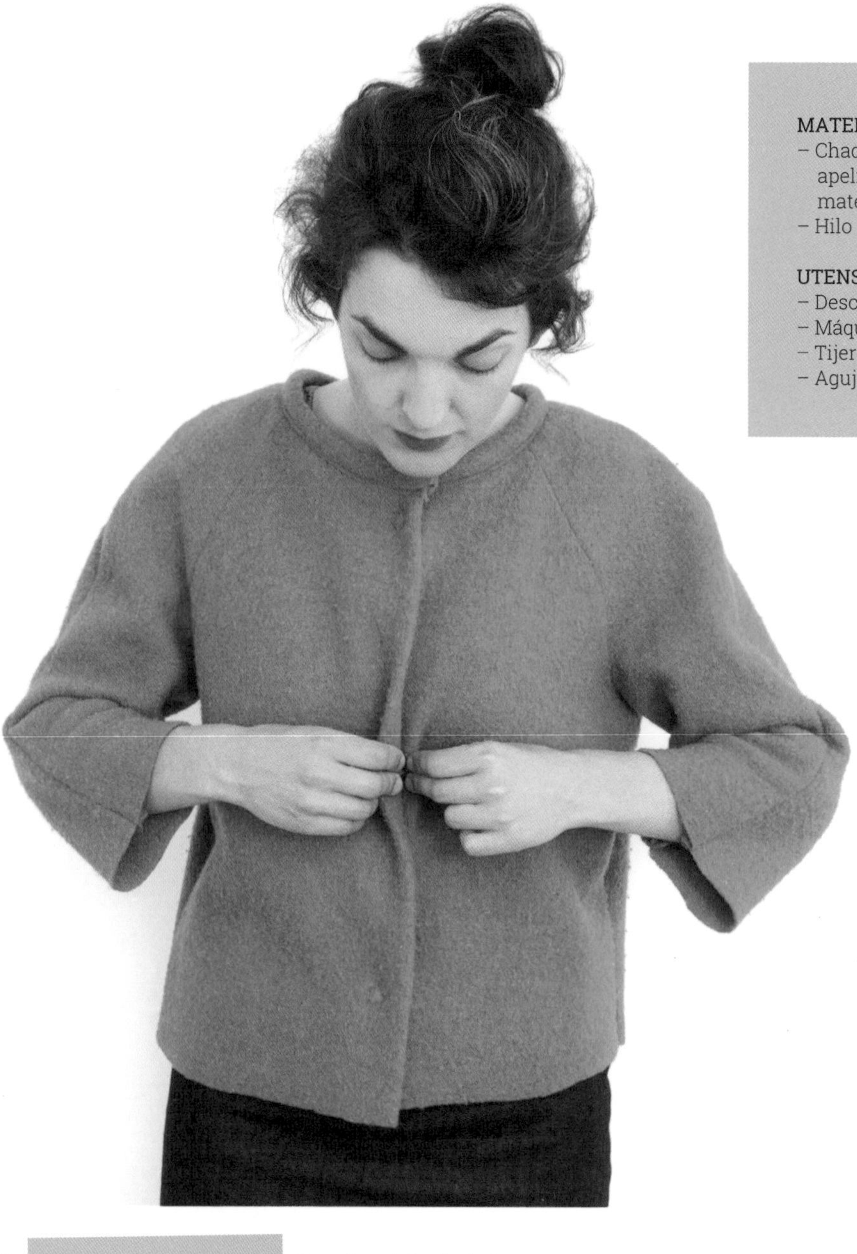

MATERIAL:
- Chaqueta larga de lana apelmazada o de otros materiales
- Hilo

UTENSILIOS:
- Descosedor
- Máquina de coser
- Tijeras de sastre
- Aguja

1 CÓMO ACORTAR LA CHAQUETA

Ponte la chaqueta y calcula el ancho adecuado. > Gírala del revés y descose las costuras que unen las mangas con el cuerpo de la prenda. > Estrecha las mangas y el cuerpo de la prenda según las medidas calculadas. > Vuelve a coser las costuras que habías descosido.

Calcula el largo que quieres que tengan las mangas y el cuerpo de la chaqueta y corta el trozo de tela sobrante. Si el material de la chaqueta está tejido, antes debes añadir un margen de costura de 4 cm en el bajo y de 3 cm para las mangas. En cambio, si se trata de lana apelmazada, no hace falta que hagas el dobladillo a la chaqueta si quieres que el abrigo tenga un aspecto más artesanal. En ese caso, tampoco hace falta que dejes un margen de costura. > Si es necesario, siempre puedes doblar el margen de costura y coserlo con pequeñas puntadas a mano.

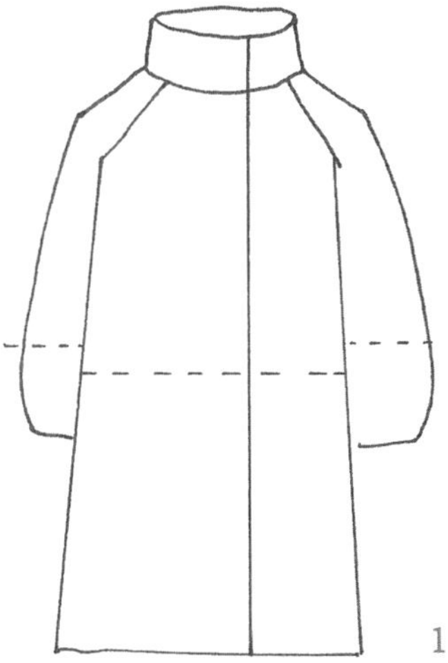

1

2 CÓMO HACER EL CUELLO

Mi chaqueta tenía un cuello alzado alto. Se lo he cortado, lo he doblado una vez y le he pasado un pespunte. > Dale al cuello la forma que quieras o, si todavía te gusta el cuello de la prenda original, déjaselo. Para conseguir ese toque años 60, queda muy bien un cuello alzado bajo o no muy alto.

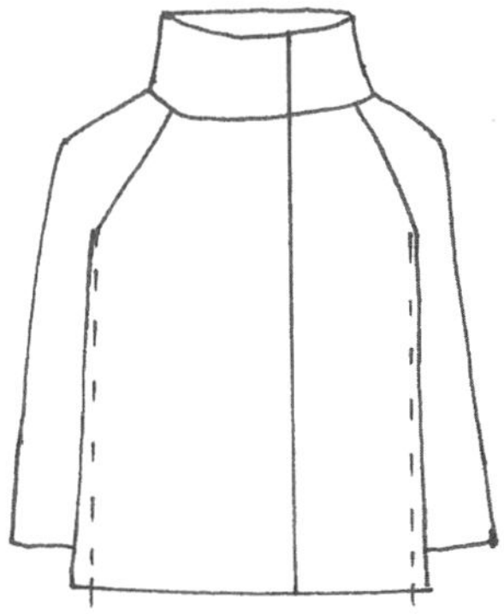

2

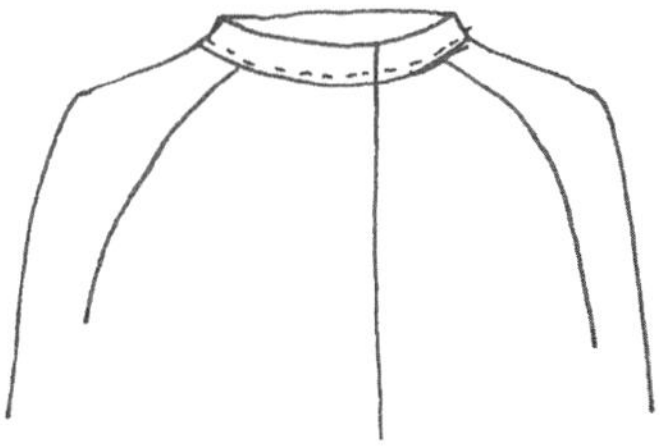

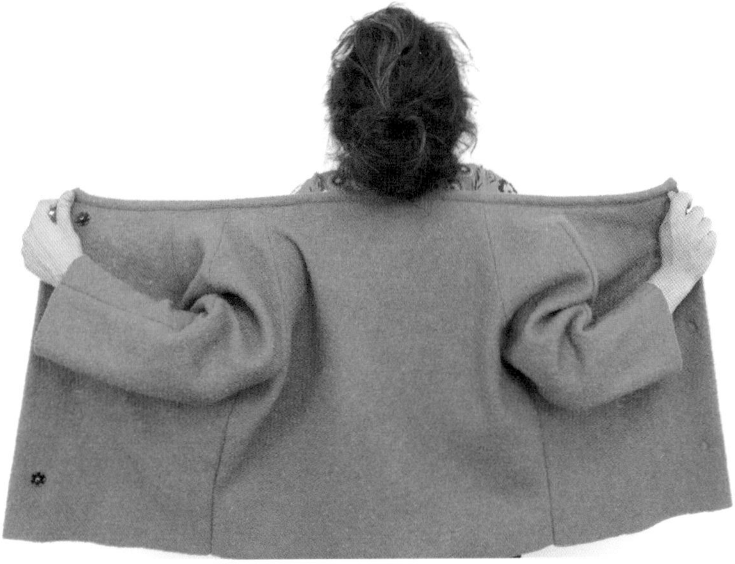

La tela de lana apelmazada, como la de esta chaqueta, es muy fácil de trabajar y no requiere grandes cuidados; solo hay que limpiarla muy de vez en cuando. Normalmente, es suficiente con colgarla para que se airee.

Vestido camisa-pantalón

Una camisa de hombre blanca y un pantalón color arena se han convertido en un elegante vestido sencillo ideal para ir a la oficina o salir a comer. ¿Cómo lo hacemos? La camisa pasa a ser la parte de arriba del vestido, y el pantalón se convierte en una falda. Después, unimos las dos prendas. Estas instrucciones también pueden ser útiles para hacer una falda a partir de un pantalón o simplemente como inspiración para transformar camisas con un diseño diferente.

MATERIAL:
- Camisa blanca
- Pantalón (corto)
- Hilo

UTENSILIOS:
- Tijeras de sastre
- Alfileres
- Máquina de coser
- Aguja
- Opcional: maniquí

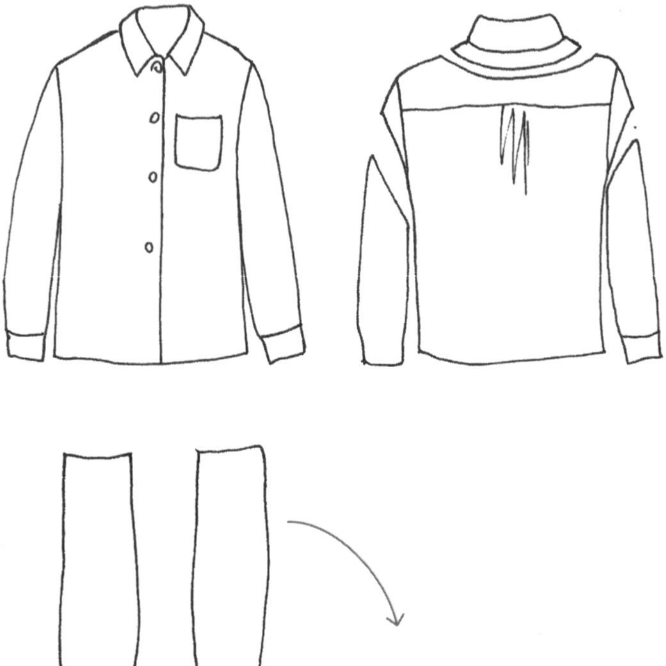

1

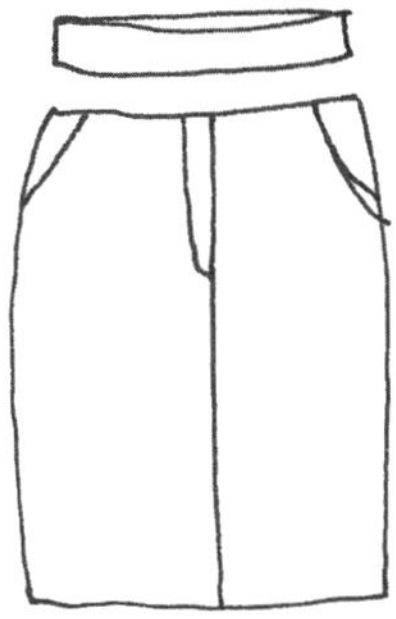

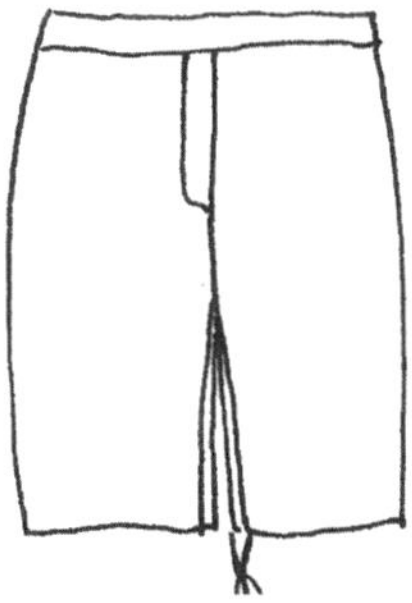

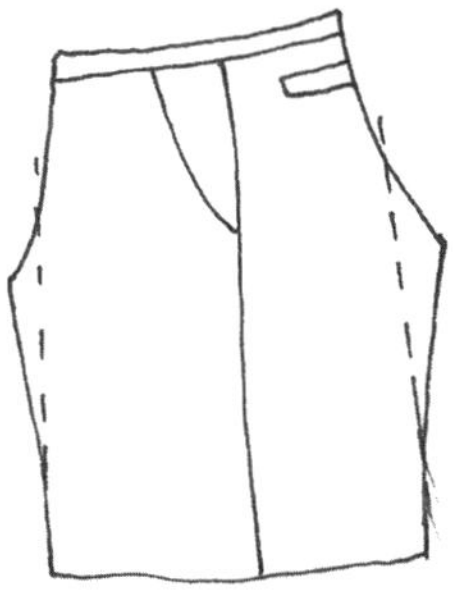

2

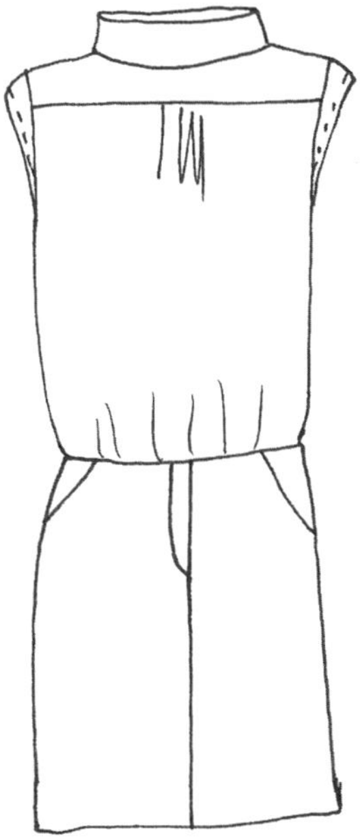

3

1 CÓMO REMODELAR LA CAMISA

Corta las mangas a 6 cm de la costura del hombro. > Corta también el cuello. > Gira la camisa. A partir de ahora la parte trasera será la parte delantera de la nueva prenda; por tanto, tendremos la tira de botones en la espalda. > Recorta el cuello de la que ahora es la parte delantera para igualarlo con el escote de la parte trasera. Si el dobladillo de la camisa tiene una curvatura, córtala. > Con lo que sobre del ancho de la parte delantera, haz pliegues en el centro del dobladillo y cóselos en el margen de costura con puntadas grandes. > Si la camisa es demasiado ancha en general, entra unos centímetros a las costuras laterales por el interior de la prenda, desde la sisa hasta el dobladillo. > Recorta el margen de costura 1 cm y sobrehíla.

> Dobla hacia adentro dos veces un poco de tela del borde de la manga y pásale un pespunte a medida de la patilla del prensatelas.

> Para hacer el cuello alto, mide la vuelta del escote y obtendrás el largo del cuello no rígido, que cortarás ahora de las mangas. La tira de este modelo mide 17 cm de alto, incluidos 1,5 cm de margen de costura en la parte superior e inferior. > Forma un círculo con la tira, prende los extremos con alfileres y pásale un pespunte. > Fija el cuello al escote con alfileres, derecho con derecho; la costura debe quedar en el centro de la parte posterior. > Cóselo. > Vuelve la blusa del revés. > Dobla hacia adentro el margen de la parte del cuello que sigue abierta y pon alfileres a lo largo del pespunte. Cóselo con pequeñas puntadas a mano.

2 CÓMO CONVERTIR EL PANTALÓN EN FALDA

Quítale la cinturilla al pantalón y vuélvelo del revés. > Corta el pantalón por la costura interior de la pierna. Prende con alfileres la abertura que te ha quedado en la parte delantera, debajo de la cremallera, intentando que la línea sea lo más recta posible. Si ves que no tienes suficiente tela en la parte inferior de la falda, hacia el dobladillo, añade un trozo de tela y cósela.

Cose también la parte trasera de la falda en una línea recta. Si te falta tela en el bajo, puedes dejar una abertura en la falda o poner otro trozo de tela debajo, como prefieras. > Pasa un pespunte a las costuras y sobrehíla el margen de costura.

3 CÓMO UNIR LA BLUSA Y LA FALDA

Prende con alfileres la blusa y la falda, derecho con derecho. > Comprueba una vez más el largo de la blusa. Si te va un poco larga, recorta un poco de tela para ajustar el largo y vuelve a prender las dos piezas con alfileres. > Si es demasiado ancha, haz pliegues regulares en el centro. A continuación, cose toda la vuelta. > Plánchala. Sobrehíla el margen de costura.

Si ves que el margen de costura no te queda plano, dóblalo en una dirección (hacia la blusa o hacia la falda) y pásale un pequeño pespunte. > En cuanto al dobladillo inferior, dobla hacia adentro dos veces el bajo y cóselo.

Falda de cuadros con cinturón

Una camisa de cuadros ancha inicia una segunda vida en forma de falda. Como vamos a aprovechar las costuras laterales y el dobladillo, lo único que nos dará algo de trabajo será la cinturilla. El cinturón, que se ata flojo a la cintura, da el toque final al *look* relajado de esta prenda.

MATERIAL:
- Camisa
- Cinta elástica, 5 cm
- Hilo

UTENSILIOS:
- Descosedor
- Tijeras de sastre
- Alfileres
- Máquina de coser
- Plancha

1 CÓMO PREPARAR LA PRENDA

Descose con cuidado el bolsillo de la camisa y déjalo a un lado. > Corta la camisa por debajo de las mangas; la parte de arriba la usaremos más tarde para hacer el cinturón. > Ahora ya vemos claramente que la parte inferior de la camisa será la falda. Sobrehíla el borde superior. > Para ajustar el ancho de la falda, mide el ancho de la camisa y tómate la medida de la cadera. > Estrecha la camisa haciendo cuatro pliegues con el trozo sobrante: dos delante y dos detrás. > Prende los pliegues con alfileres desde la parte externa. El ancho sobrante interior del pliegue señala hacia el medio. > Cose los pliegues a máquina 10 cm hacia abajo.

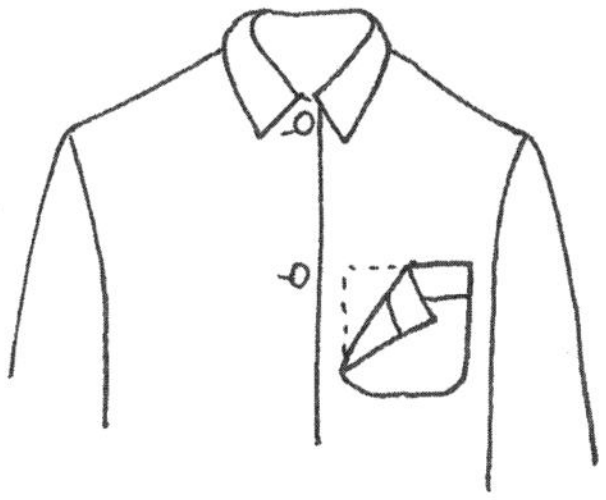

1

2 CÓMO HACER LA CINTURILLA

Ponte la cinta elástica estirada alrededor de la cintura y calcula el ancho que necesitas. > Une los extremos de la cinta formando un círculo y cóselos a máquina. > Prende con alfileres la cinta elástica a la falda. Fija los cuatro puntos de ajuste principales de la falda con los de la cinturilla: las dos costuras laterales y el centro de la parte delantera y trasera. > Cose ambas partes a máquina con punto elástico; es importante que mantengas estirada la cinta elástica para que la falda quede plana.

3 CÓMO PONER EL BOLSILLO EN LA FALDA

Coloca el bolsillo sobre la falda, donde más te guste, y pásale un pespunte. > A ambos lados de la abertura del bolsillo, haz un atacado de 1 cm en sentido transversal para que la tela no se rompa por esa zona. > Corta los hilos y plancha la falda.

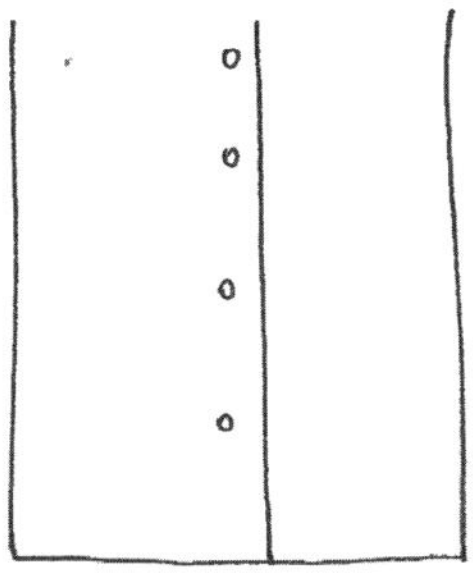

4 CÓMO HACER EL CINTURÓN

Corta las mangas de la parte superior de la camisa que te ha quedado suelta al principio. > Después, ábrelas por la costura y plánchalas para que queden planas. > Del trozo de camisa que te ha sobrado, extrae un trozo de tela del mismo ancho que la parte más ancha de la manga que has cortado. Corta un rectángulo de este trozo y colócalo entre las mangas. Préndelo con alfileres y cóselo. > Plancha los márgenes de costura por el medio, separándolos. > Dobla el cinturón por el medio a lo largo, derecho con derecho. > Prende los bordes con alfileres y cóselos. > Vuélvelo del derecho y plánchalo. ¡Ya lo tienes!

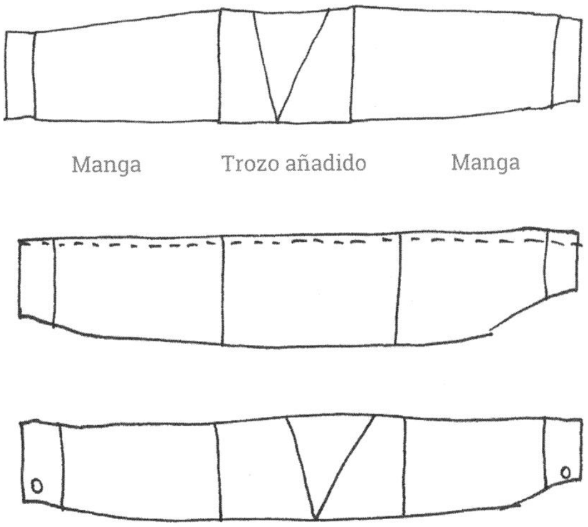

4

Blusa pintada con mangas anchas

Un diseño atrevido para la superficie y un corte cuadrado es todo lo que necesitas para lucir una obra de arte allá donde vayas. La idea para crear esta blusa se me ocurrió al ver cuadros de la pintora sueca Lisa Burenius justo cuando tenía una camisa sobre la mesa. Tras rediseñarla con unas mangas anchas caídas, la vieja camisa se convirtió en el lienzo ideal para pintar los expresivos trazos negros que le dan un toque de carácter.

MATERIAL:
- Camisa
- Punto en blanco natural, 60 cm × ancho de la tela
- Opcional: retal de punto blanco, 8 × 90 cm
- Colorante textil negro

UTENSILIOS:
- Tijeras de sastre
- Máquina de coser
- Plancha
- Cartón de la misma altura y ancho que la camisa
- Brocha, ancha
- Pincel de manualidades, mediano-fino
- Cuenco
- Base protectora (para no manchar la superficie de trabajo)

Para pintar esta blusa, he usado dos pinceles: uno grande de una tienda de bricolaje y uno más fino de manualidades. Lo más importante es usar diferentes texturas del color. Para conseguir un contraste más fuerte y el color negro profundo, recomiendo usar el colorante sin diluir. Para conseguir una superficie más translúcida, diluye el colorante en agua. Por lo demás, deja volar tu imaginación. Tu resultado no tendrá nada que ver con el mío. Da libertad a tus manos y disfruta pintando.

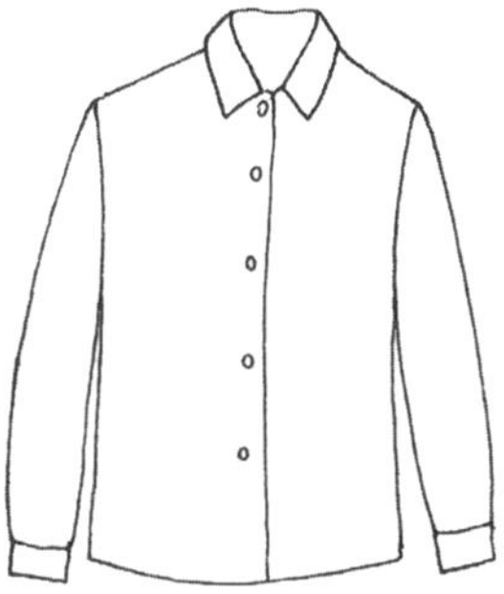

1

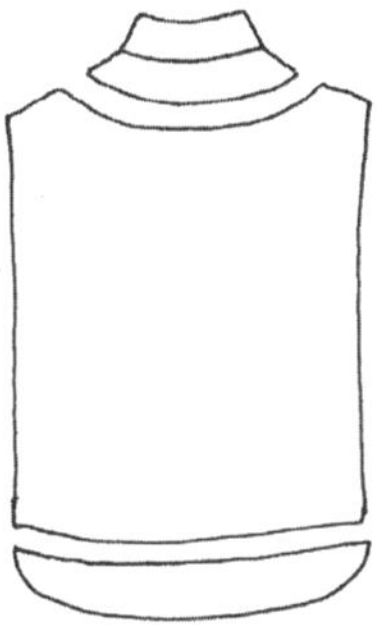

2

3

1 CÓMO PREPARAR LA PRENDA

Corta las mangas de la camisa y déjalas a un lado. > Descose los botones y superpón las tiras de botones (la parte sin ojal encima). > Cose las tiras. > Gira la camisa: la parte trasera pasa a ser la parte delantera de la nueva prenda. > Iguala el escote delantero y trasero y córtalo como te guste (el escote de mi camisa mide 35 cm, desde el punto del hombro izquierdo hasta el punto del hombro derecho en línea recta).

2 CÓMO HACER EL DOBLADILLO Y EL CUELLO

Para hacer el cuello necesitarás una tira de unos 8 cm de alto. En mi caso, como la camisa era larga, he sacado la tira del bajo. Si la camisa tiene una curvatura inferior, tendrás que cortarla igualmente, así que podrías usar ese trozo de tela. Pero si no tienes de dónde sacarlo, siempre puedes usar un retal de punto para hacer la tira. > Mide el ancho del escote y corta la tira de 8 cm de alto y el largo que has medido, más 1,5 cm de margen de costura. > Cose la tira formando un círculo y plancha los márgenes de costura por el medio, separándolos. > Coloca el círculo sobre el escote, derecho con derecho, y préndelo con alfileres; el centro de la parte posterior de la tira debe quedar en el centro de la parte trasera de la camisa. > Cóselo a la camisa. > Dobla hacia adentro el segundo borde de la tira en el margen de costura y coloca el borde de la parte interior un poco por debajo de la costura que has cosido. > Préndelo con alfileres, hilvánalo y pásale un pespunte por la parte externa, justo por la línea entre el cuello y la camisa. Así, la tira quedará bien fijada por la parte posterior y no se verá la costura por el derecho.

3 CÓMO CORTAR LA ABERTURA DE LAS MANGAS

Amplía 3 cm más la sisa de cada manga. En mi modelo, el ancho del hombro es de 7 cm. > Mide la abertura de la manga y corta de la tela de punto dos trozos de tela que tengan el mismo ancho (más 1,5 cm de margen de costura) y 50 cm de largo.

4 CÓMO PINTAR LA BLUSA

Coloca la camisa sobre la base protectora y ponle el cartón por dentro para que el colorante no traspase al pintarla. > Pinta primero la parte trasera de la camisa. > Vierte el colorante textil en un cuenco con un poco de agua y decide en qué dirección quieres pintar la camisa. > Cuando lo tengas claro, pinta la camisa a tu gusto con el colorante diluido. > Si el colorante está muy acuoso, se esparce por la tela y se obtiene una gradación de colores. > A continuación, haz trazos por encima con el colorante sin diluir. > Cuelga la camisa en la cuerda para la ropa, sin quitarle el cartón de dentro, y deja que se seque. > Después, pinta la parte delantera. Ten en cuenta que debe haber cierta relación entre la parte delantera y trasera de la camisa, una especie de transición. En la parte superior de uno de ambos lados, pinta el centro en negro intenso. No te cortes y haz trazos expresivos. > Vuelve a colgar la prenda para que se seque. > Ahora, estira los dos trozos de punto que has cortado sobre la base protectora, píntalos y, por último, deja que se sequen. > Plancha todas las piezas.

5 CÓMO HACER LAS MANGAS Y EL BAJO DE LA BLUSA

Monta las mangas y cóselas a la blusa. > Sobrehíla el margen de costura. > Para hacer el dobladillo de la manga, dobla hacia adentro dos veces el borde (con 3 cm), préndelo con alfileres y pásale un pespunte. > Para hacer el bajo de la blusa, dobla hacia adentro dos veces el bajo (1 cm cada pliegue), préndelo con alfileres y pásale un pespunte.

6 CÓMO HACER EL PESPUNTE DECORATIVO

Con la máquina de coser, cose líneas en diagonal en la zona superior de la parte delantera de la blusa, rematando hacia adelante y hacia atrás. Esto sí que es una obra de arte en toda regla.

Blusa de lino con detalle de pliegues

Este modelo es una blusa acampanada confeccionada a partir de una camisa extragrande. La tela gruesa de esta camisa es la base ideal para hacer el plisado moldeable, que en este caso queda muy bien porque la tela es de un único color y el diseño adquiere relevancia. Con un color más claro y una tela más fina, el resultado sería totalmente diferente.

MATERIAL:
- Camisa extragrande
- Hilo

UTENSILIOS:
- Tijeras de sastre
- Máquina de coser
- Alfileres
- Maniquí
- Plancha

1

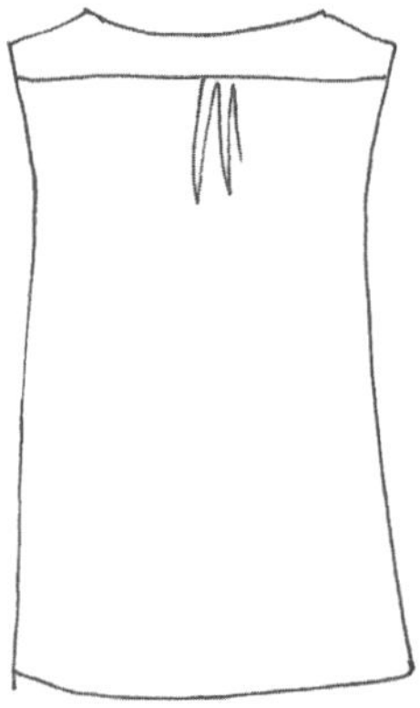

2

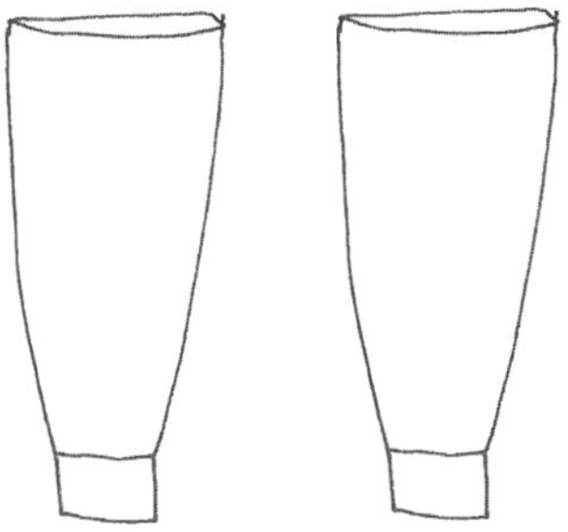

1 CÓMO PREPARAR LA CAMISA

Corta el cuello y las mangas. En las mangas, deja un margen de costura de 3 cm. > Dobla hacia adentro dos veces los márgenes de costura y préndelos con alfileres. > Pásales un pespunte. > Gira la camisa y pónsela al maniquí con la tira de botones en la espalda. > Esconde el ancho sobrante de la parte superior de la camisa prendiéndolo con alfileres. > Para ello, haz tres pliegues hacia fuera en la parte izquierda del delantero de la camisa. Procura que los pliegues no sean demasiado regulares. > Para fijarlos, cose alrededor de la abertura del cuello.

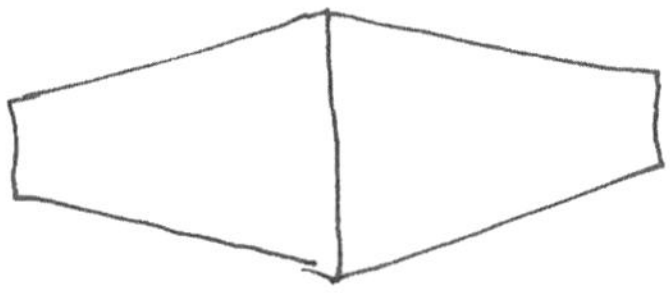

Cose por la parte ancha
= tira 1.

2 CÓMO AJUSTAR LA PARTE TRASERA

Ahora volverás a necesitar el maniquí. Ponle la camisa de nuevo. > Para quitar el ancho sobrante, pon la tira de botones en la parte izquierda (vista de frente) buscando que el borde superior quede armonioso. Préndelo con alfileres. > Ponte la camisa y comprueba si te va bien el ancho o si tienes que volver a ajustarla.

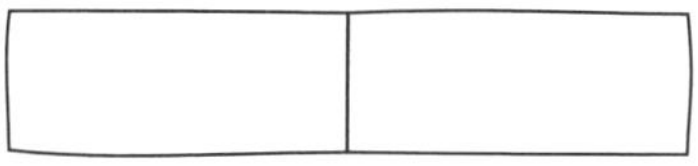

Cose las tiras de 12 cm de ancho
= tira 2.

3

3 CÓMO PREPARAR LOS PLIEGUES DECORATIVOS

Para hacer las dos tiras, corta los puños a las mangas. En este modelo, las tiras acabadas miden 44 × 12 cm y 53 × 9 cm. > Pon la manga sobre una superficie plana. La costura de la manga será el borde lateral izquierdo. > Plánchala. > Corta la manga por la costura y por la doblez planchada del lado opuesto. > Procede del mismo modo con la otra manga. Ahora tienes cuatro piezas en total con una parte más ancha y otra más estrecha. > Cose dos tiras por la parte ancha. A partir de ahora, esta será la tira 1. > De las dos piezas restantes, corta tiras de 12 cm de ancho y cóselas. A partir de ahora, esta será la tira 2.

4 CÓMO HACER LOS PLIEGUES

Tira 1: haz pliegues de aproximadamente 1,5 cm de profundidad a una distancia de 2-3 cm y préndelos con alfileres, o haz como yo y ve doblando los pliegues mientras los coses. Si utilizas esta segunda técnica, es inevitable que los pliegues te salgan irregulares, pero la distancia es más o menos parecida. > Cose hasta unos 3 cm antes del final de la tira. > A continuación, cose en el sentido contrario a una distancia de 2,5 cm y aplana los pliegues en la otra dirección. > En este caso, cose también hasta 3 cm antes del extremo de la tira. A una distancia de unos 4 cm, cose de nuevo en sentido contrario doblando los pliegues en la otra dirección. > Repite estos pasos hasta que la tira esté llena de pliegues. > Haz exactamente lo mismo con la tira 2. En este caso puedes hacer que tanto la profundidad de los pliegues como la distancia entre las filas de pliegues sea irregular. Recuerda: cuanto más profundos sean los pliegues, más tela necesitarás.

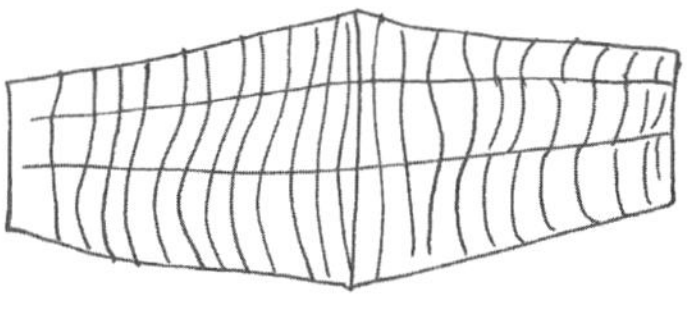

Haz los plieges y cóselos.

4

5 CÓMO COLOCAR LOS PLIEGUES DECORATIVOS EN LA CAMISA

Coloca la tira 1 sobre el hombro izquierdo de la camisa (vista de frente). Pon la parte más ancha sobre la costura del hombro. > Deja que sobresalga más o menos 0,5-1 cm (o el trozo que quieras) de la abertura de la manga. > El resto, ponlo hacia adelante y hacia atrás; dobla hacia adentro los dos extremos estrechos y fíjalos con alfileres. > Si la pieza decorativa sale del hombro y no se puede colocar bien, haz un pliegue y fíjalo con alfileres. > En la parte delantera, pon la tira 2 a lo largo del escote y esconde el extremo debajo de la tira 1. En la parte trasera, esconde el otro extremo debajo de la tira de botones. Ahora los extremos están ocultos y el diseño queda más pulido. > Primero cose la tira 2 y después la tira 1. > Plancha con cuidado la parte inferior de la blusa. Hazlo con la función de vapor de la plancha. No planches los pliegues.

Falda plisada

Esta falda está hecha a partir de dos viejas camisas de hombre a las que he hecho algunos pliegues. Combina a la perfección con una camiseta de manga corta si lo que buscas es un toque informal, o con una blusa blanca si quieres vestir más elegante. Es juvenil y sofisticada a la vez. Según el tipo de cuerpo que tengas, la puedes llevar a la cintura o un poco más baja.

MATERIAL:
- Dos camisas blancas
- Cinta de grogrén verde, 3 cm de ancho, 100 cm
- Cinta elástica resistente, 3 cm de ancho, 100 cm
- Corchetes

UTENSILIOS:
- Tijeras de sastre
- Alfileres
- Máquina de coser
- Opcional: maniquí

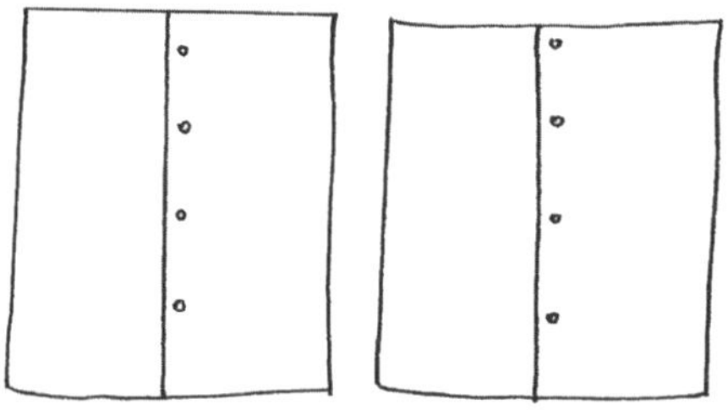

1

1 CÓMO PREPARAR LAS CAMISAS

Corta las camisas en línea recta por debajo de las mangas. > Desabotona las camisas y une una pieza con la otra: abrocha los dos botones superiores de una camisa en los dos ojales superiores de la otra. Esto será el cierre. Abotona el resto de la camisa, sin olvidar coser también la tira de botones, empezando unos 15 cm por debajo del borde superior.

Descose los botones del otro lado de la falda, abre la tira y plánchala para que quede plana. > Corta la tira de ojales del otro trozo de camisa. Une ambos extremos con alfileres y cóselos. > Sobrehíla el margen de costura.

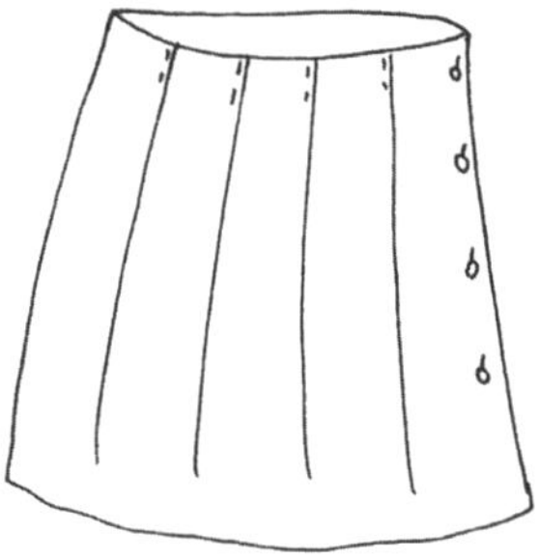

2

2 CÓMO HACER LOS PLIEGUES

Calcula el ancho que sobra de la falda según la medida de tu cintura (es decir, según la altura a la que vas a llevar la falda). > Haz los pliegues de acuerdo con esta medida. Los pliegues de mi modelo tienen unos 3 cm de profundidad, pero ten en cuenta que la profundidad de los pliegues depende de la cantidad de tela que hayas entrado a la falda. > Prende los pliegues con alfileres y cóselos una vez alrededor para fijarlos. > Corta el borde superior para igualarlo.

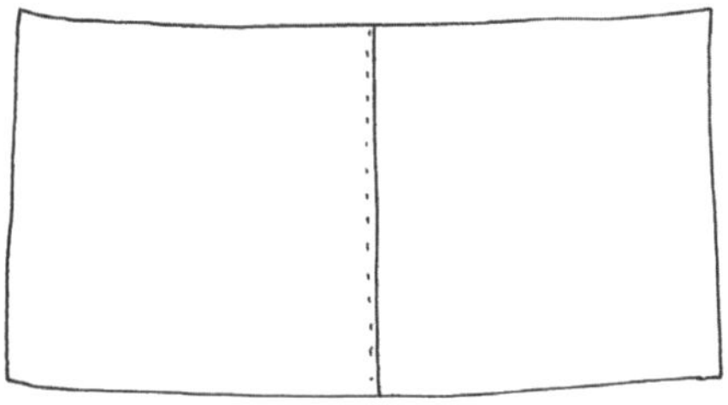

3 CÓMO HACER LA CINTURILLA Y EL BAJO

Empezando por la parte abierta del lateral, coloca la cinta elástica sobre el derecho de la falda. Debe sobresalir 1 cm de ambos bordes laterales. > Préndela con alfileres y cósela. > Dobla la cinta elástica hacia adentro. > Cose un pespunte en el margen de costura para que quede plano. > Dobla hacia adentro la cinta de goma que sobresale en el lado izquierdo y cósela. > Cose los corchetes.

Si quieres que los bajos tengan largos diferentes, córtalos a tu gusto. > Dobla los bordes dos veces hacia adentro (1 cm de ancho) y pásales un pespunte.

Pon la cinta de grogrén debajo de la cinta de goma o donde quieras y fíjala con alfileres. > A continuación, cósela.

3

Blusa asimétrica

Esta blusa era una camisa de hombre con el cuello desgastado. Haz un montón de pliegues y la transformarás en una bonita blusa asimétrica como esta. La clave está en hacer que una mitad quede mucho más estrecha que la otra por la cantidad de pliegues. Al aplicar esta técnica, se retuerce toda la prenda. Solo tienes que ver lo inclinada que ha quedado la tira de botones. Todos estos pliegues se hacen al coser. Arruga la tela con los dedos justo antes de pisarla con el prensatelas y, acto seguido, cose los pliegues por encima. Así conseguirás que la prenda quede torcida y obtendrás pequeños pliegues involuntarios. Esta asimetría es lo que hace de la prenda final una blusa excepcional.

MATERIAL:
- Camisa de hombre grande
- Hilo

UTENSILIOS:
- Tijeras de sastre
- Alfileres
- Máquina de coser
- Opcional: maniquí

1

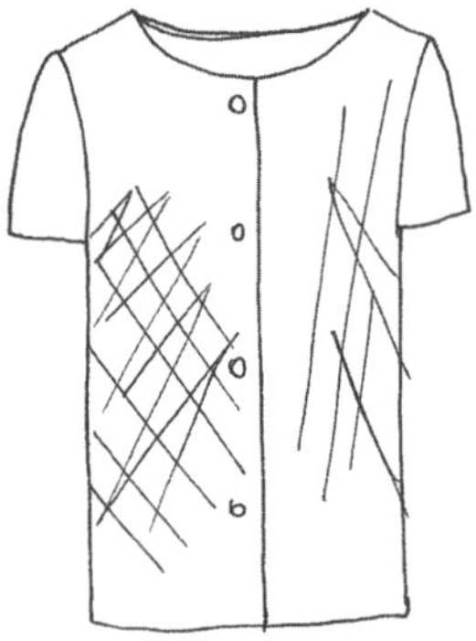

2

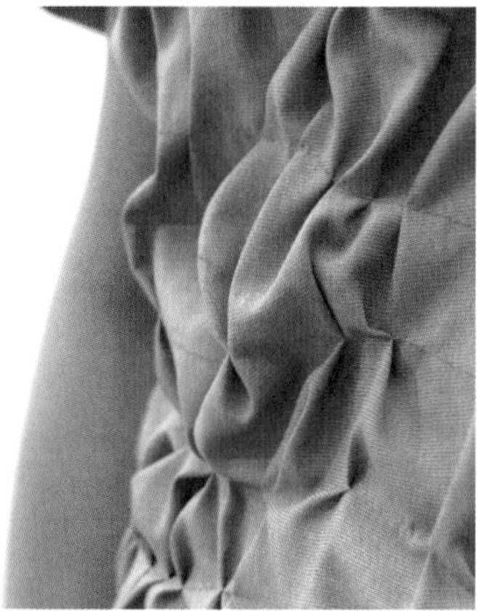

3

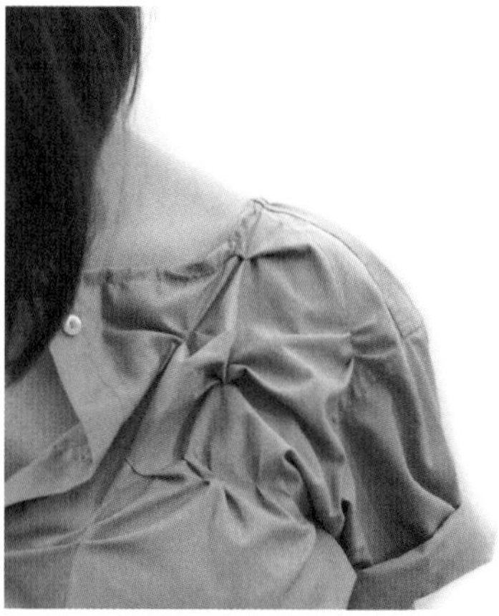

4

5

1 CÓMO PREPARAR LA PRENDA

Quítale el cuello a la camisa y dale la forma que quieras al escote. Al cortarlo ten en cuenta que debes dejar 1,5 cm de margen de costura. > Corta también las mangas del largo que quieras.

Ponte la camisa y calcula el ancho que sobra y cómo quieres que te quede de larga y de estrecha. > De ello dependerá la disposición de los pliegues y la inclinación de la tira de botones. > Si quieres que la tira de botones te quede tan torcida como la de este modelo, tendrás que hacer muchos pliegues en diagonal en uno de los lados.

2 CÓMO HACER LOS PLIEGUES

Utiliza un retal para comprobar en qué medida se reduce la tela al hacer los pliegues de forma espontánea. Así te harás una idea de cómo coser los pliegues en la camisa. > Si es la primera vez que aplicas esta técnica, prende los pliegues con alfileres y te sentirás más segura al coserlos. Si eres atrevida o tienes experiencia, arruga la tela con los dedos directamente a medida que la vayas cosiendo.

Si coses los pliegues de arriba abajo, esa parte quedará más corta. Si, de lo contrario, los coses de izquierda a derecha, se estrechará la camisa. Pero al hacerlo corres el riesgo de que la blusa (y la persona que la luzca) queden demasiado aparatosas. Por eso yo prefiero hacer costuras en diagonal, que acortan la prenda a la par que la estrechan. Además, las líneas en diagonal son más dinámicas que las horizontales. En el dibujo te muestro en qué partes de la prenda me he centrado a la hora de hacer las costuras y los pliegues.

3 CÓMO HACER LOS PLIEGUES EN LA CAMISA Y COSERLOS

Empieza haciendo unos pocos pliegues en la parte de la camisa que quieres que quede más lisa. Cose en paralelo a la tira de botones. > Después, cose pliegues en la parte que debe quedar más arrugada. > Durante el proceso, ve comprobando que la prenda no se haya estrechado o acortado demasiado. Lo mejor es hacer pliegues superficiales de 0,5 a 1 cm como máximo y, por tanto, coser más pliegues. > Corta los hilos.

4 CÓMO PULIR EL ESCOTE

Dobla dos veces el margen de costura y préndelo con alfileres. Debido a la curvatura del escote, no quedará plano, sino que formará arrugas. En este caso no es un problema: de hecho, va que ni pintado con el diseño global de la prenda. > Ahora bien, si no quieres que te quede arrugado, siempre puedes recortar un poco el margen de costura y ponerle una tira al bies.

5 CÓMO HACER EL DOBLADILLO DE LAS MANGAS

Dobla hacia adentro dos veces el margen de costura y pásale un pespunte a medida de la patilla del prensatelas.

Si no quieres que el efecto arrugado te quede demasiado tridimensional, plancha la blusa. Así la superficie quedará más plana y con los pliegues más discretos, pero la prenda seguirá siendo interesante.

Blusa de lino deconstruida

De una camisa negra de lino he sacado una blusa ceñida. ¿Cómo lo he hecho? Girando la camisa. La reducción al negro hace que la atención se centre todavía más en la forma y los detalles. Para los diseños de este tipo recomiendo usar un maniquí. Además, la camisa debe ser más bien ancha.

MATERIAL:
- Camisa negra de lino, de corte grande
- Hilo

UTENSILIOS:
- Tijeras de sastre
- Alfileres
- Máquina de coser
- Maniquí
- Plancha

1

1 CÓMO DARLE FORMA

Corta el cuello y las mangas de la camisa de lino y déjalos a un lado. > Gira la camisa del revés y cierra las aberturas de las mangas con alfileres. Sigue la línea de alfileres hasta el dobladillo de la camisa. Si la camisa tiene un bolsillo en la zona del pecho, vigila que la línea de alfileres no pase por encima de este. > Cose la costura.

Corta el trozo de tela sobrante y sobrehíla los bordes. > Ponle la camisa al maniquí. Vista de frente, la tira de botones de la parte delantera debe quedar en el lateral izquierdo (que sería el lateral derecho del maniquí).

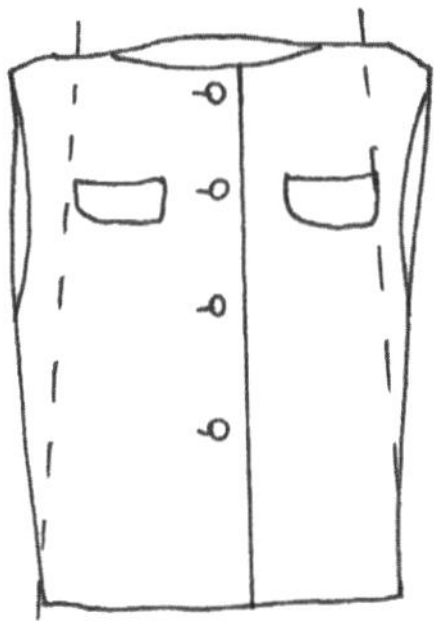

Cierra las aberturas de las mangas con alfileres.

2 CÓMO HACER LA ABERTURA DE LAS MANGAS Y EL BAJO

Corta dos aberturas para las mangas. Ten en cuenta que debe haber unos 7 cm de tela desde la parte superior de la manga hasta el escote. > A partir de ahí, haz una abertura de unos 20 cm. Pruébate la blusa y retoca la abertura de las mangas a tu gusto si quieres agrandarla. > Corta el escote en línea recta. > Dobla hacia adentro dos veces el borde (1 cm cada pliegue), préndelo con alfileres y pásale un pespunte a medida de la patilla del prensatelas. > En cuanto al bajo, rectifica la parte delantera y, si quieres, deja la curvatura en la parte trasera. Así, la blusa te quedará más corta por delante. > Dobla dos veces el bajo y cóselo. > Plancha la blusa ligeramente. ¡Ya lo tienes!

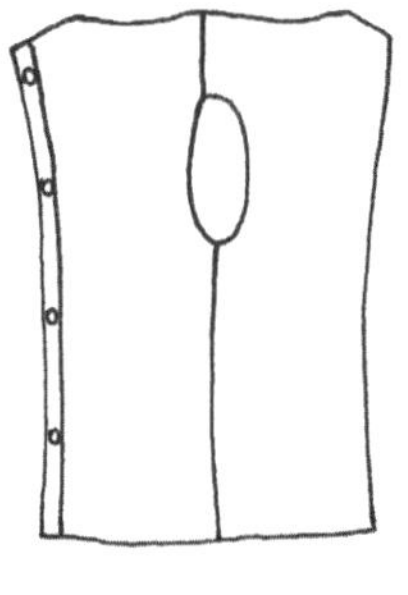

Vista de frente, la tira de botones de la parte delantera queda en el lateral izquierdo.

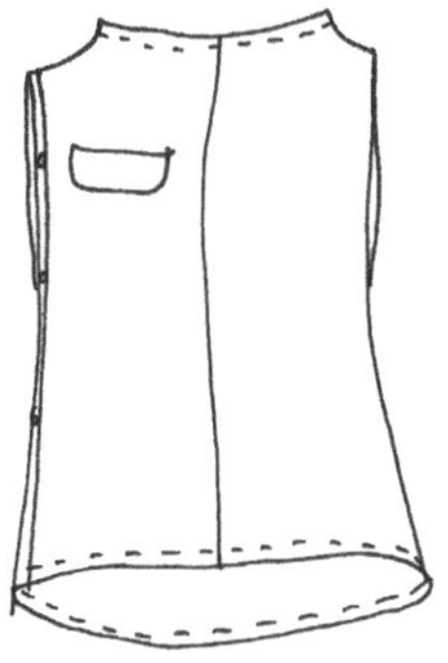

2

Top de tirantes a partir de un polo

Este top tan mono antes era un polo. Lo compré en un mercadillo porque la tela era de buena calidad y me gustaba el color. Los polos son una buena prenda base para rediseñar, porque tienen una estructura estable y un aspecto de mejor calidad que las camisetas.

MATERIAL:
- Polo
- Cinta estrecha para hacer los tirantes
- Hilo

UTENSILIOS:
- Tijeras de sastre
- Alfileres
- Máquina de coser

1

1 CÓMO DARLE FORMA

Coloca el polo sobre una superficie plana y corta la parte delantera en línea recta por debajo de la tira de botones y de las mangas. En la parte trasera, corta también en línea recta pero unos 2 cm más arriba. > Recorta la forma de la sisa para que no quede tan pegada a la axila. No te olvides de dejar un margen de costura de 1 cm. Ten en cuenta también que después haremos un dobladillo en el bajo delantero y trasero de la prenda. > Cuando hayas hecho la sisa, dobla el margen de costura y cóselo con punto elástico.

2 CÓMO PULIR LOS BORDES SUPERIORES

Tanto en la pieza delantera como en la trasera, dobla los bordes 1 cm y, después, dóblalos otra vez 3 cm. > Préndelos con alfileres dejando un hueco y cóselos. Recuerda que debes dejar los extremos del hueco abiertos para pasar la cinta. > Pasa una cinta por el hueco de la parte delantera y otra por el de la parte trasera.

3 CÓMO DAR EL TOQUE FINAL AL TOP

Pruébate el top y calcula el largo de las cintas que harán de tirantes. > A continuación, haz un nudo en cada lado del top con la cinta de delante y la de atrás, y ya tienes los tirantes listos.

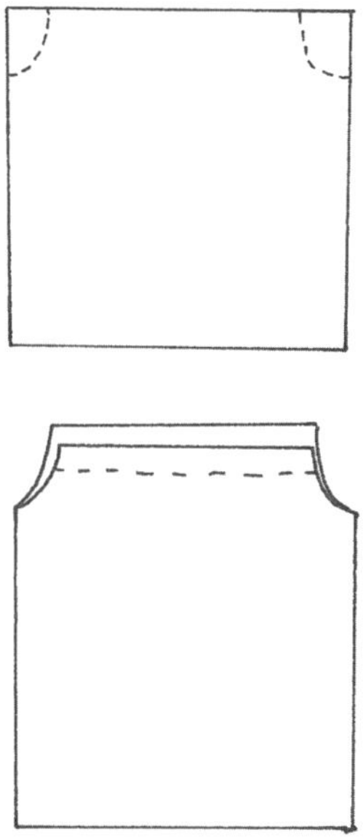

2

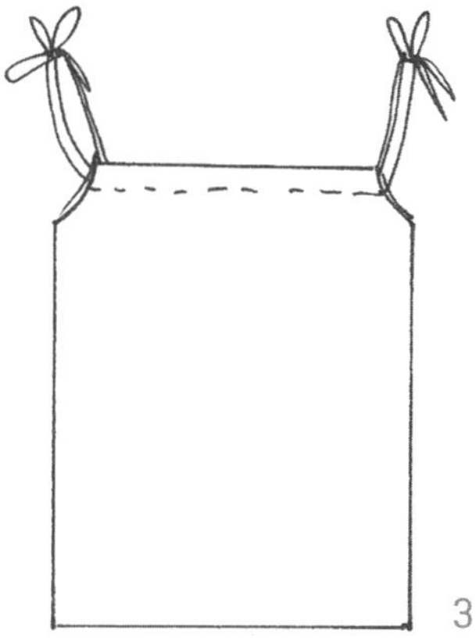

3

Camiseta con drapeado y otros detalles

¿Quién podría imaginar que detrás de esta prenda tan sofisticada se esconde una camiseta sin mangas de lo más normal? La camiseta original sirve como base para la superficie trabajada, que he confeccionado con piezas arrugadas, cosidas y fruncidas fijadas después pieza por pieza a la camiseta base.

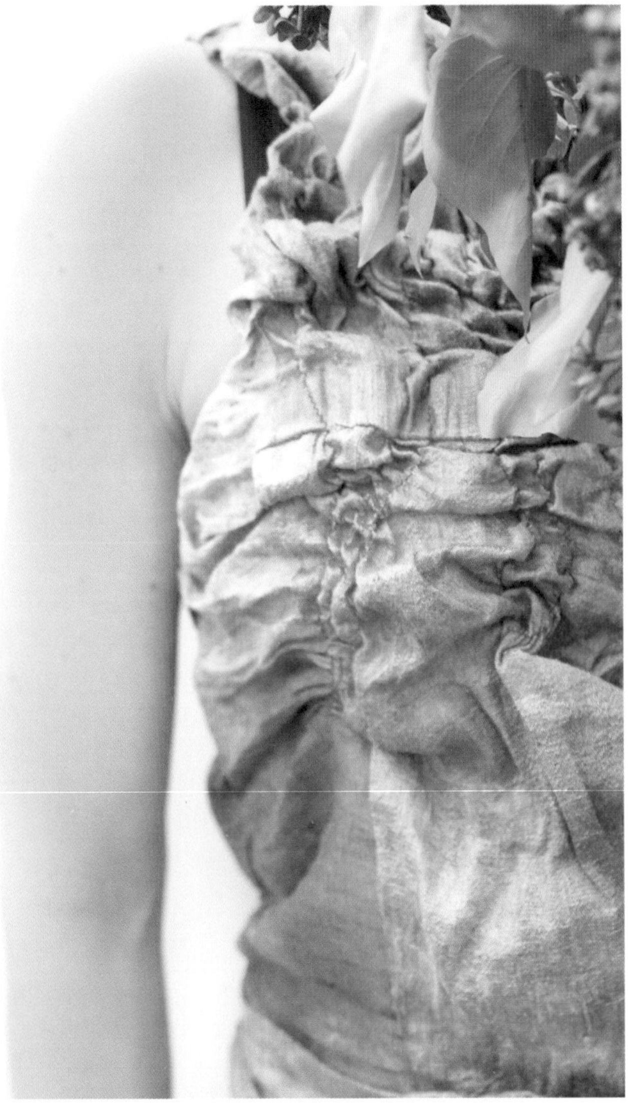

Este diseño es ideal para trabajar con retales de telas finas y transparentes que sean bonitas, porque las integra de forma que pasan a ser opacas y adquieren más consistencia. En otras palabras, adquieren más cuerpo. La confección de esta camiseta requiere tiempo y paciencia, pero te aseguro que vale la pena porque se convertirá en una de tus prendas favoritas.

MATERIAL:
- Camiseta con o sin mangas
- Varias telas, blusas transparentes (cortadas), etc.
- Hilo elástico
- Hilo

UTENSILIOS:
- Tijeras de sastre
- Alfileres
- Aguja
- Máquina de coser

1 CÓMO PREPARAR LA CAMISETA

Si la camiseta tiene mangas, quítaselas. > A continuación, corta la camiseta por las costuras laterales. Si quieres que en tu modelo estén unidas las piezas delantera y trasera, deja la costura del hombro. De lo contrario, puedes acabar de cortar la prenda por las costuras de los hombros para trabajar con cada pieza por separado.

2 CÓMO TRABAJAR LA TELA

Si la tela es gruesa, te recomiendo hacer el modelo por fases y trabajar la tela de antemano. Dar forma a la tela puede ser una tarea muy laboriosa, por lo que es mejor que tengas tiempo.

En una parte de la tela que uses para este proyecto harás pliegues y los coserás, y en otra parte harás frunces (para fruncir la tela hay que devanar el hilo elástico en la canilla y usarlo como hilo inferior). > Dobla los bordes de los trozos de tela e hilvánalos. > Según el grosor de la tela, ten en cuenta lo siguiente: cose los trozos de tela a la camiseta uno a uno manteniéndola estirada en todo momento para que conserve su elasticidad. > Todavía no unas las dos capas de tela en la zona del escote y las sisas. > Si te gusta cómo te ha quedado el diseño, corta los hilos. > Quita los hilos del hilván (a no ser que quieras dejarlos como elemento artístico, que daría un toque muy atractivo al diseño).

3 CÓMO UNIR LAS PIEZAS

Pon las dos piezas derecho con derecho, préndelas con alfileres y pásales un pespunte. > Sobrehíla el margen de costura.

4 CÓMO PULIR EL ESCOTE Y LAS ABERTURAS DE LAS MANGAS

Dobla los márgenes de costura de los dos bordes y únelos con alfileres. > La capa de tela trabajada debe sobresalir un poco para ocultar la capa de debajo. > Cóselos a mano. > Si te gusta que la ropa tenga un aspecto más artesanal, puedes coser los bordes de las aberturas con pequeñas puntadas o simplemente dejarlos sin rematar.

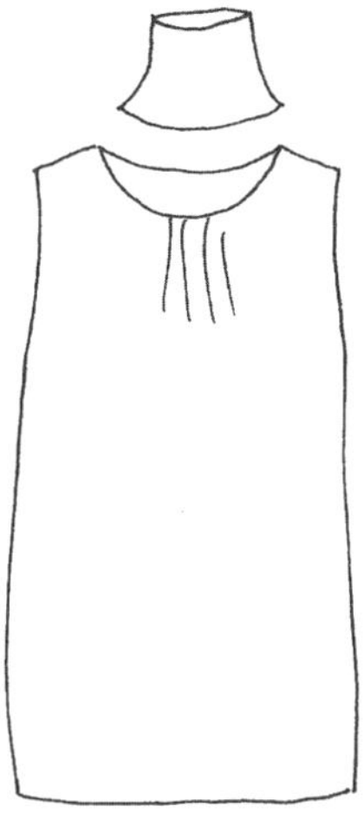

1

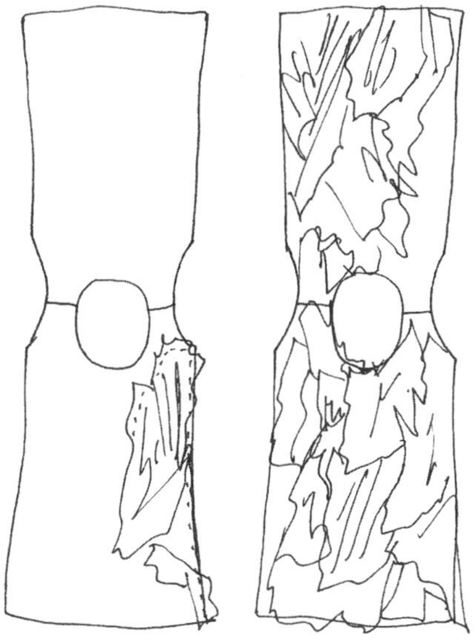

2

3+4

Camiseta de yoga

Esta camiseta de colores mates está confeccionada a partir de una camiseta grande de mi sobrino y de trozos de otras tres prendas: la pernera de un pantalón de chándal, la cinturilla de unas mallas de yoga y retales de una camiseta de manga larga que me solía poner para ir a clase de yoga. El resultado: una cómoda camiseta de colores suaves ideal para practicar yoga u otras actividades.

 Prenda original: camiseta de manga corta o larga

MATERIAL:
- Camiseta extragrande vieja (si tiene un estampado que ya no te gusta, vuélvela del revés)
- Pernera de un pantalón de chándal, 45 cm de largo
- Cinturilla alta de unas mallas de yoga o de tela de punto elástica de 30 cm de alto en un color que combine
- Retales de punto, de un color similar y de formas irregulares
- Hilo

UTENSILIOS:
- Tijeras de sastre
- Alfileres
- Máquina de coser

1 CÓMO AJUSTAR LA CAMISETA EXTRAGRANDE

Haz cuatro pliegues en el escote de la parte delantera. > Si la camiseta no es demasiado grande, puedes hacer tres pliegues en lugar de cuatro. > Pasa un pespunte por la orilla del escote, por encima de los pliegues, para fijarlos. > Si la camiseta está del revés, dobla el borde del cuello una vez y cóselo. Aprovecha también para coser los márgenes de costura laterales para que queden planos.

2 CÓMO HACER LAS MANGAS

Corta las mangas de la camiseta. El ancho del hombro, con bies del cuello incluido, debe medir 10 cm. > Cose las perneras del pantalón a las aberturas de las mangas, manteniéndolas estiradas mientras coses.

3 CÓMO COSER LA CINTURILLA

Decide el largo que quieres que tenga la camiseta. > Si es necesario, acórtala (corta una tira de la camiseta extragrande). > Si utilizas un trozo de banda elástica nueva, mide el ancho y ciérrala formando un círculo. > Dóblala a lo largo por la mitad y trabaja la cinturilla como si fuera una sola capa de tela. > Prende la cinturilla al bajo de la camiseta con alfileres y cósela con punto elástico.

4 CÓMO HACER EL DETALLE DECORATIVO

Ahora, da forma de flor a los retales. Para ello, extiéndelos delante de ti y haz pliegues empezando por un lado y sujetando la tela fuerte con la mano. > Fija los pliegues con alfileres y cóselos. > Coloca las tres flores juntas sobre la camiseta (o como más te guste), préndelas con alfileres y cóselas. > Hazlo desde atrás hacia adelante. > Es importante que el detalle no sobresalga demasiado, sino que quede bien integrado en el resto de la prenda.

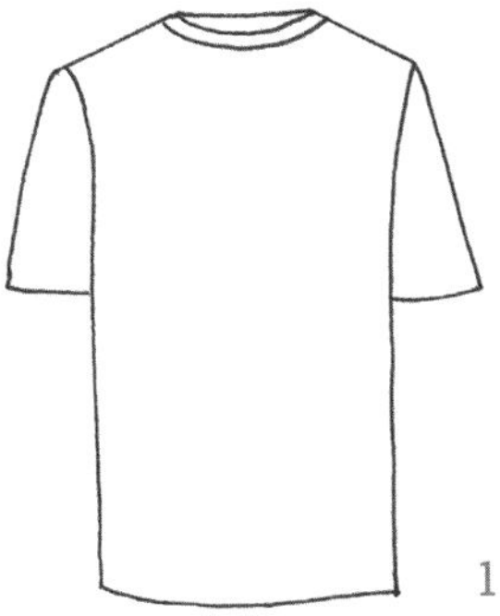
1

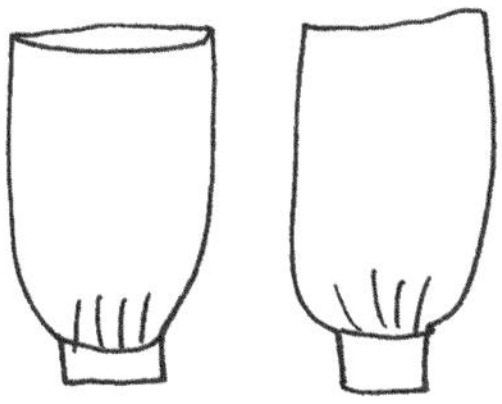
2

Perneras de un pantalón

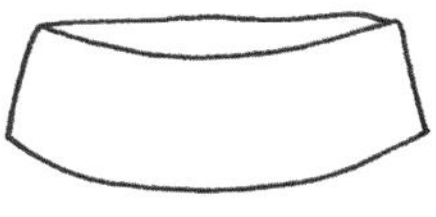
3

Cinturilla

4

Blusa drapeada

Esta bonita blusa de seda está hecha a partir de una falda con volantes de estilo *vintage* que me compré en un mercadillo. El resultado del rediseño ha sido una blusa asimétrica con un bonito drapeado. En este modelo he utilizado otro método de rediseño, que consiste en poner la prenda original boca abajo. Para hacer esta blusa necesitarás un maniquí.

MATERIAL:
- Falda de corte recto, no demasiado ancha (que te vaya bien en la zona de la cintura)
- Hilo de un color que combine
- Hilo de un color que contraste

UTENSILIOS:
- Maniquí
- Alfileres
- Máquina de coser
- Aguja
- Opcional: descosedor y prensatelas para cremalleras

El drapeado no es una técnica exacta, sino más bien artística. Así que lo más probable es que tu diseño no quede exactamente como el mío. En este caso, lo más importante es que el drapeado se mantenga estable en el hombro, ya que es la parte por la que se sustenta la prenda. Trabajaremos la prenda de abajo arriba.

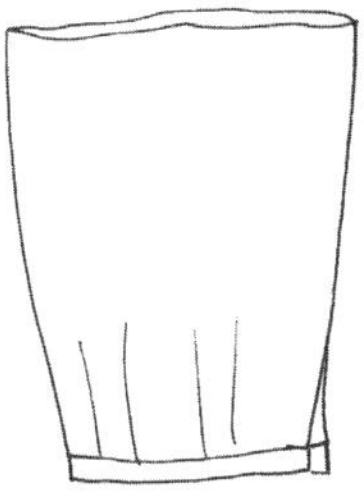

1

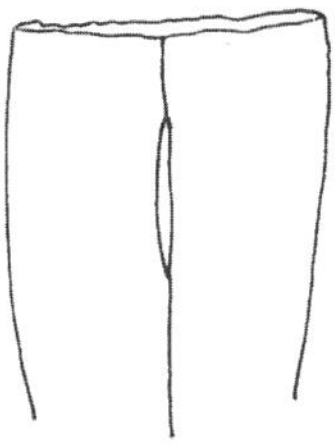

3

Vista lateral de abertura de manga.

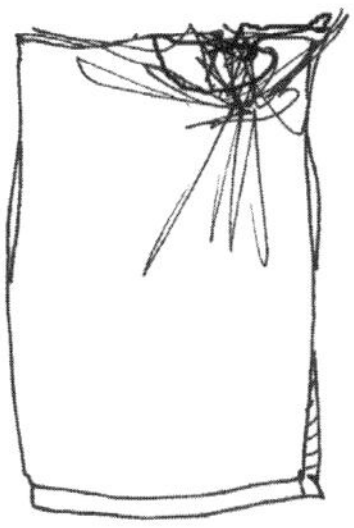

4

La blusa se apoya en un hombro.

1 CÓMO PREPARAR LA FALDA

Si la cremallera está en el lateral de la falda, la podrás usar para la nueva prenda. > En cambio, si está en el centro de la parte trasera, tendrás que quitársela y coser la abertura para cerrarla. > Gira la falda boca abajo y pónsela al maniquí. > Alinea las costuras laterales con los laterales del maniquí. > ¿Te gusta la cinturilla como bajo de la blusa? Si la respuesta es afirmativa, ya tienes el dobladillo hecho. Si no, quítale la cinturilla y decide cómo harás el dobladillo (deja 3 cm de margen de costura). > Define el largo de la blusa y fija la falda al maniquí de forma que la parte que sobresale quede arriba.

2 CÓMO PONER LA CREMALLERA

Si la cremallera está en el lateral de la falda, puedes aprovecharla, como he comentado antes. > De lo contrario, descose una de las costuras laterales, dobla hacia adentro los márgenes de costura y pon la cremallera hilvanándola con hilo de un color que contraste. > Al poner la cremallera, ten en cuenta los 3 cm de margen de costura del dobladillo de la blusa y cósela a partir de ahí. > Cósela a máquina con el prensatelas para cremalleras. Yo he dejado los hilos del hilván porque el contraste del rojo y el turquesa me gusta. > Dobla dos veces el margen del dobladillo y préndelo con alfileres. > Por último, cóselo.

3 CÓMO PULIR LA ABERTURA DE LAS MANGAS

Descose las costuras laterales en la zona de la abertura de las mangas unos 15 cm. > Recose los extremos otra vez para que después no se abran. > Dobla hacia adentro dos veces el margen de costura y cóselo a mano.

4 CÓMO DAR FORMA A LA PARTE DE LOS HOMBROS

El hombro izquierdo tendrá un drapeado: para hacer el drapeado y el borde superior se necesita bastante tela. > Por tanto, corta tela solo en caso de que la falda sea muy grande. > Necesitarás unos 10 cm de margen de costura. > Dobla hacia adentro la tela dos veces: primero 2 cm y después 8 cm. > Préndela con alfileres y cósela a mano.

Para hacer el drapeado, ponle la blusa al maniquí. > A continuación, solo tienes que retorcer la tela de la parte delantera y trasera entre sí en la zona del hombro. Esto será también la costura del hombro. > Arrúgala tanto como quieras hasta que estés satisfecha con el resultado. > Ve prendiendo alfileres en todas las capas de tela del drapeado. > Pruébate la blusa las veces que haga falta y retoca el drapeado hasta que te guste cómo te ha quedado.

5 CÓMO COSER EL DRAPEADO

Cose el drapeado a mano, de dentro hacia fuera, para fijarlo. Intenta que las pequeñas puntadas queden lo más disimuladas posible. Por ejemplo, te recomiendo que las escondas detrás de los pliegues y de la tela. > Corta los hilos.

Falda con abertura lateral

Salta a la vista que esta falda antes fue un pantalón. Lo que he hecho es dar la vuelta al pantalón para hacer una falda ceñida con la trincha del pantalón como bajo de la nueva prenda. La bragueta se convierte en la abertura lateral de la falda. Para confeccionar esta prenda necesitas el patrón de una falda ceñida que sea de tu talla.

MATERIAL:
- Pantalón que no sea demasiado ajustado
- Patrón de una falda de tubo de tu talla
- Cremallera para falda
- Entretela adhesiva
- Hilo

UTENSILIOS:
- Jaboncillo de sastre o lápiz de marcado
- Tijeras de sastre
- Plancha
- Alfileres
- Máquina de coser
- Prensatelas para cremalleras

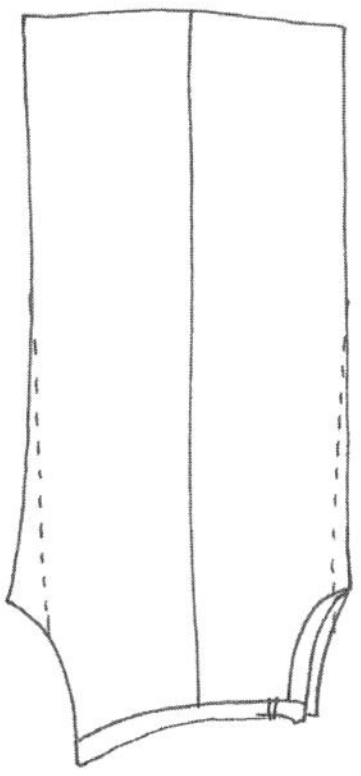

1

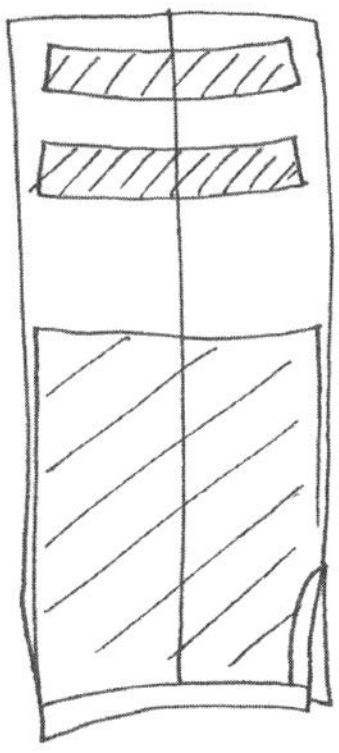

2

Coloca los pantalones de la falda.

1 CÓMO PREPARAR EL PANTALÓN

Corta el pantalón por la costura interior de la pierna. > Gira el pantalón del revés y dóblalo por la mitad de modo que la costura lateral quede en el centro y la bragueta en la parte inferior derecha. > Coloca el patrón de la parte delantera de la falda sobre el pantalón fijándote en que los bordes del patrón coincidan con la trincha del pantalón. > Marca las costuras con el jaboncillo. > A continuación, marca también la parte trasera de la falda.

2 CÓMO DAR FORMA A LA FALDA

Corta ambas piezas de la falda dejando un margen de costura de 1,5 cm. No debes cortar las partes que ya estén unidas, a no ser que el pantalón sea demasiado ancho. > De la tela sobrante sacaremos las cinturillas de la falda. Corta dejando también un margen de 1,5 cm. > Pon entretela adhesiva en una de las cinturillas delanteras y una de las traseras y plánchala.

Une con alfileres las dos partes de la falda y deja una abertura en un lado para poner la cremallera. > Pasa un pespunte y sobrehíla el margen de costura.

3 CÓMO COSER LA CINTURILLA

Cose entre sí las cinturillas con el refuerzo de entretela adhesiva dejando una abertura en el lado de la falda en el que pondrás la cremallera. > Prende con alfileres la cinturilla a la falda y pásale un pespunte. > Mete el margen en la cinturilla y cose por la parte del derecho un pespunte decorativo a medida de la patilla del prensatelas. > Dobla hacia adentro e hilvana el margen de costura que has dejado en la parte de la abertura. > Cose las dos cinturillas sin refuerzo.

Pon la cremallera en la abertura y la cinturilla, préndela con alfileres y cósela. > Pon las cinturillas sin refuerzo sobre las cinturillas con refuerzo, derecho con derecho, y cóselas por la parte de arriba. > Separa los márgenes de costura. Si es necesario, plánchalos. > Gira la cinturilla hacia adentro y córrela 2 mm hacia abajo para que no se vea la costura. > Dobla el margen inferior unos 0,5 cm menos y ponlo sobre la cinturilla interior; la doblez debe quedar debajo de la costura. > Gira la falda del derecho, ve quitando los alfileres uno a uno y vuélvelos a colocar en este lado. > Esto nos permite, por una parte, hacer el pespunte justo por debajo de la cinturilla, de manera que queda oculto, y por la otra, fijar la cinturilla a la prenda. > Cósela.

Dobla hacia adentro los bordes abiertos de la cinturilla interior en la parte de la cremallera. Debes fijarte en que la tela no quede demasiado cerca de los dientes de la cremallera para que puedas subirla y bajarla sin problemas.

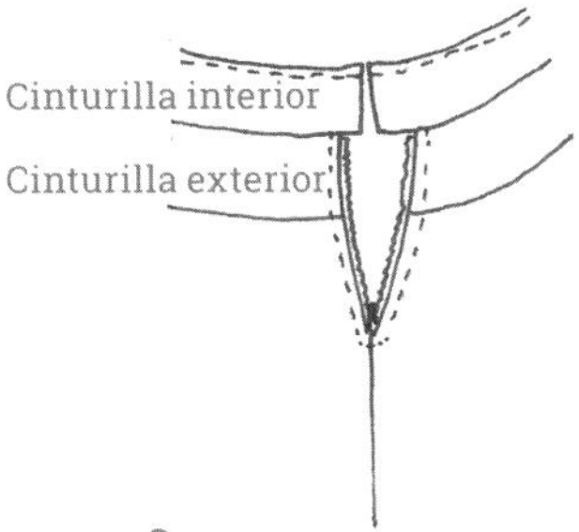

3

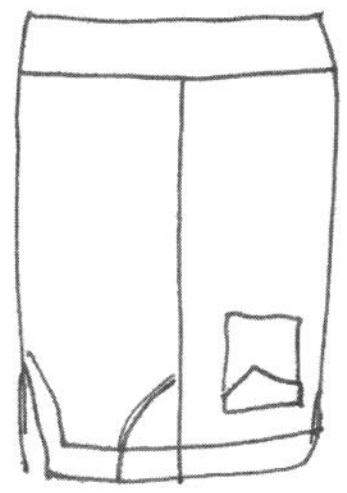

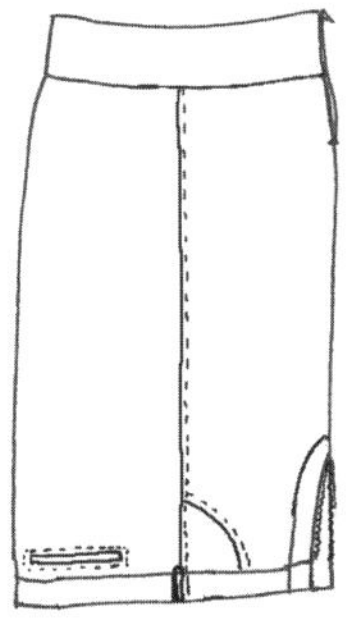

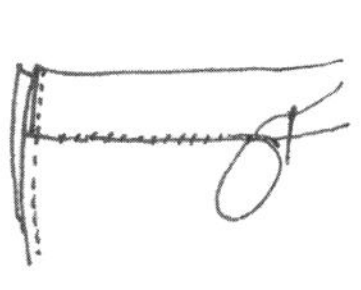

Cose a mano la cinturilla interior a la parte interior de la falda.

Vestido veraniego

Los pantalones son una de las prendas que más cambian en función de las tendencias del momento. Pasamos de llevar pantalones superceñidos a pantalones cortos y anchos, después volvemos al corte recto, y de vez en cuando vuelve a ponerse de moda la falda-pantalón. En este caso, he usado un pantalón que era demasiado ancho y tenía la pernera demasiado corta. La verdad es que no me favorecía mucho... Lo más importante que hay que tener en cuenta al transformar un pantalón en un vestido es que la tela del pantalón no sea demasiado gruesa y que el corte sea lo suficientemente ancho. Si quieres iniciarte en esta técnica, aquí te dejo un modelo fácil de reproducir para lucir en verano. Añádele un cinturón o una cinta ancha a la cintura y tendrás el *look* completo.

MATERIAL:
- Pantalón con la pernera ancha (el ancho de la tela de la pernera debe ser la mitad de la medida de tus caderas)
- Hilo

UTENSILIOS:
- Tijeras de sastre
- Maniquí
- Máquina de coser
- Alfileres

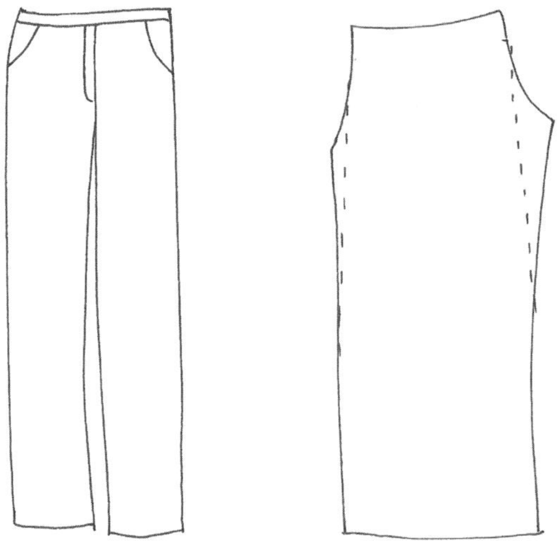

1

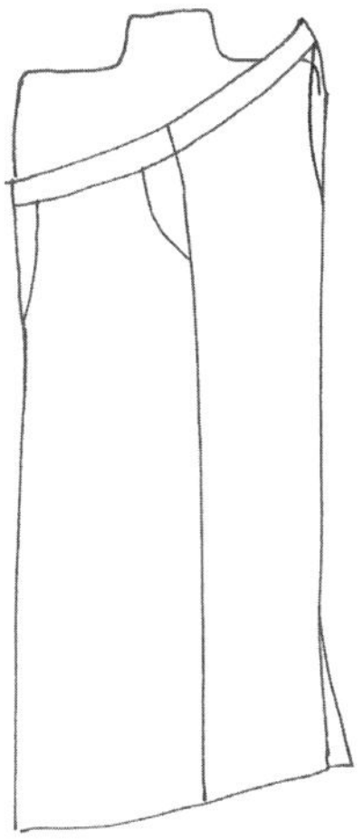

2

Abertura de la manga.

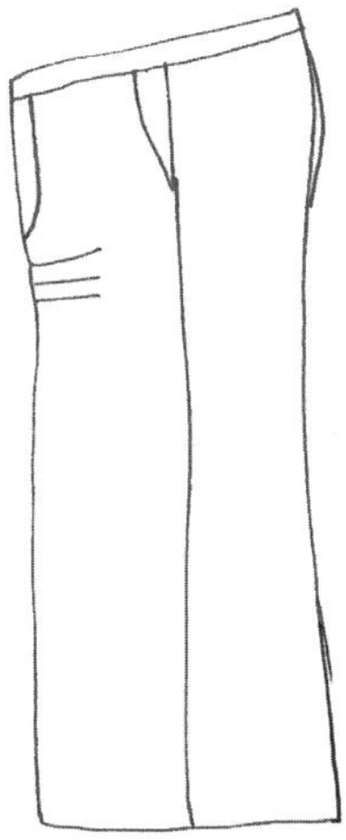

3

1 CÓMO PREPARAR EL PANTALÓN

Corta el pantalón por la costura interior de la pierna. > Coloca el pantalón de forma que la cremallera quede en el lado izquierdo, el tiro trasero en el derecho, y la costura lateral en el medio. > Ponle el pantalón al maniquí; la costura del tiro trasero será la costura del hombro derecho, y la bragueta quedará por debajo de la axila izquierda (todo esto visto de frente). En este vestido, el hombro izquierdo queda descubierto.

Dado que todos los pantalones tienen la pieza trasera más alta que la delantera, esta disposición del pantalón es ideal para el tipo de vestido que queremos hacer. Como ves, el vestido cuelga más de la parte izquierda que de la derecha. No te preocupes, porque después lo igualaremos. > Primero, cierra la costura lateral izquierda y cose con cuidado, en línea recta y hacia abajo, desde donde acaba la cremallera hasta el bajo del pantalón. > Sobrehíla el margen de costura.

2 CÓMO HACER LA ABERTURA DE LA MANGA DERECHA

Corta la costura del tiro trasero a tu gusto y cose, de nuevo en línea recta y hacia abajo, desde donde acaba la abertura de la manga hasta unos 15 cm antes del bajo del pantalón. > Si no quieres que el vestido tenga una abertura lateral, cose hasta el final del bajo. Eso sí, vigila que coincida el largo de ambos bajos. > Sobrehíla las costuras.

3 CÓMO IGUALAR LA PARTE IZQUIERDA

En la costura central izquierda, levanta la tela a la altura de la cintura hasta que el bajo del vestido quede recto. > Haz uno o dos pliegues (apuntando hacia arriba) justo en la costura lateral. > Con una distancia de 3 mm hasta la doblez del pliegue, cose los pliegues unos 3 cm a lo largo en el centro de la costura lateral. > Otra opción más discreta es estrechar el ancho sobrante desde el interior. Si lo haces así, no se verá ninguna costura por el derecho de la prenda.

4 CÓMO PULIR LA ABERTURA DE LA MANGA

Dobla hacia adentro dos veces el pequeño margen de costura de la manga y pásale un pespunte. > Si quieres dejar una abertura lateral en el vestido, también tendrás que doblar hacia adentro el margen de costura y coserlo.

Patchwork de retales de tela vaquera

Estos dos modelos son la prueba de lo elegante que puede quedar un diseño de *patchwork* en tela vaquera. Primero se hace la tela uniendo los diferentes retales y, después, se cortan las piezas de la prenda según el patrón. Para crear un diseño elegante, he combinado tela de las perneras de vaqueros antiguos con retales de tela vaquera nuevos y más oscuros. Cuando se cose tela vaquera no hay que tener prisa, sobre todo si queremos mantener la máquina de coser y la aguja en buen estado. Pero nuestro esfuerzo tendrá recompensa: una prenda exclusiva que no encontraremos en las tiendas.

MATERIAL:
- Pernera de un pantalón, retales de tela vaquera
- Patrón de una falda y/o patrón de un jersey o suéter
- Hilo

UTENSILIOS:
- Escuadra
- Bolígrafo o tiza para tela
- Tijeras de sastre
- Alfileres
- Máquina de coser
- Aguja para tela vaquera
- Plancha

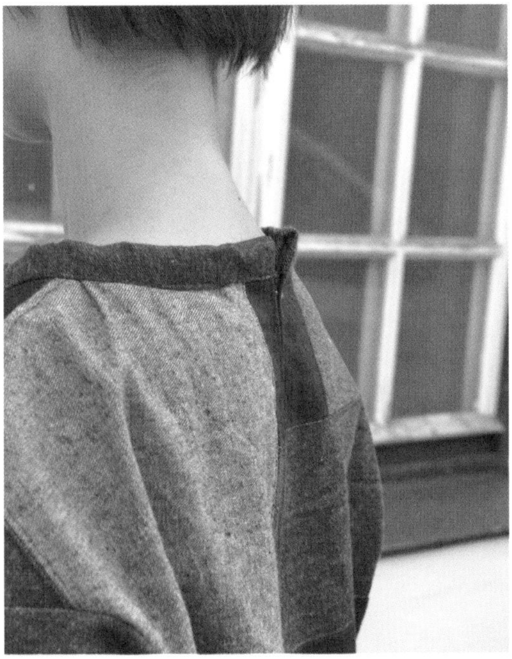

1 CÓMO TRABAJAR LA TELA

Si quieres conseguir una tela lisa, debes trabajar con precisión. > Utiliza la escuadra para dibujar todas las formas y córtalas dejando un margen de costura de 1 cm. > Corta las formas de modo que tengan la misma altura. > Así, podrás coserlas juntas formando tiras.

2 CÓMO HACER LAS TIRAS

Pon un trozo de tela sobre otro, derecho con derecho, y cóselos. > Sigue las instrucciones de tu máquina de coser. > Plancha el margen de costura hacia un lado y cóselo con puntadas no muy largas al lado de la costura para que quede plano. > Siguiendo la serie, cose pieza por pieza a la tira hasta que esta tenga el ancho que necesitas. > Haz otra serie y repite el procedimiento hasta que la pieza en conjunto tenga la altura deseada. > Si quieres aportar un poco de variedad al diseño, puedes hacer que la altura de cada tira sea diferente. > Cose las tiras entre sí. > Plancha el margen de costura hacia un lado y cóselo de nuevo con puntadas no muy largas por el derecho. > Plancha las tiras.

3 CÓMO DAR FORMA A LA PRENDA

Coloca los patrones sobre la tela de *patchwork* que has diseñado y haz la falda o el jersey de tela vaquera.

Un consejo: usa las telas de *patchwork* para crear prendas de corte sencillo y conseguirás un *look* muy sofisticado.

Si quieres imitar el aspecto de cazadora de mi modelo, modifica mínimamente el patrón de suéter. Acorta el jersey unos pocos centímetros y corta una tira que sea un poco más estrecha que el ancho del patrón y unos 3 cm más alta que el trozo que has cortado. Duplica la altura que has calculado y, a continuación, dobla el bajo dos veces para que el acabado sea más estable y de mayor calidad. En total, el largo del jersey debe tener unos pocos centímetros más que el patrón original, porque la textura tipo cazadora de la prenda hace que esta se suba un poco cuando te mueves. Si fuera del mismo tamaño que el patrón, daría la impresión de que es más corta.

Además, te recomiendo que añadas una cremallera para que sea más fácil ponerse la prenda. Este modelo tiene una en el centro de la parte trasera del cuello.

Camiseta estilo *raw chic*

Aquí tienes la parte más salvaje del *patchwork*. Se superponen parcialmente varios trozos de tela de diferentes colores que combinan entre sí y se cosen para formar una única tela. Los bordes sin rematar dan un toque más natural y juvenil a la prenda. Por otra parte, el bolsillo de unos vaqueros que completa el conjunto tiene una utilidad práctica. Esta tela es especialmente bonita si se emplea en prendas de corte sencillo. El uso de material de punto y afelpado hace que esta camiseta sea bastante elástica.

MATERIAL:
- Pernera de un pantalón, retales de tela vaquera, tela afelpada (sudadera con capucha, etc.)
- Bolsillo descosido de un pantalón vaquero o recortado con la tela de debajo y el margen de costura (margen de costura hilvanado)
- Patrón de suéter o de jersey
- Hilo

UTENSILIOS:
- Escuadra
- Bolígrafo o tiza para tela
- Tijeras de sastre
- Alfileres
- Máquina de coser
- Aguja para tela vaquera

1 CÓMO TRABAJAR LA TELA

Si quieres conseguir una tela lisa, debes trabajar con precisión. > Utiliza la escuadra para dibujar todas las formas y córtalas dejando un margen de costura de unos 0,3 cm. > Coloca los trozos de tela como más te guste, unos al lado de otros y parcialmente superpuestos, y préndelos con alfileres. > Cose pieza por pieza con puntadas no muy largas hasta que tengas suficiente tela para hacer la parte delantera y trasera de la camiseta. Cuando cosas los trozos de tela, esmérate para que queden bien sujetos.

2 CÓMO CORTAR LA CAMISETA A MEDIDA DEL PATRÓN

Coloca la tela sobre una superficie plana y pon los patrones encima. > Marca el corte con un bolígrafo o una tiza, añadiendo 1,5 cm de margen de costura en los lados y en el escote, y 2 cm en el bajo. > Corta las piezas. > Cose el bolsillo del pantalón en la parte delantera de la camiseta.

3 CÓMO COSER LA CAMISETA

Si sabes cómo hacer la camiseta, cósela a tu manera. De lo contrario, te recomiendo que sigas este orden: primero cose las costuras de los hombros; después, las costuras laterales. > A continuación, sobrehíla el margen de costura. En la abertura del cuello y las mangas, dobla hacia adentro el margen de costura y cóselo con punto elástico a medida de la patilla del prensatelas. > Dobla también el margen de costura del bajo y cóselo con punto elástico.

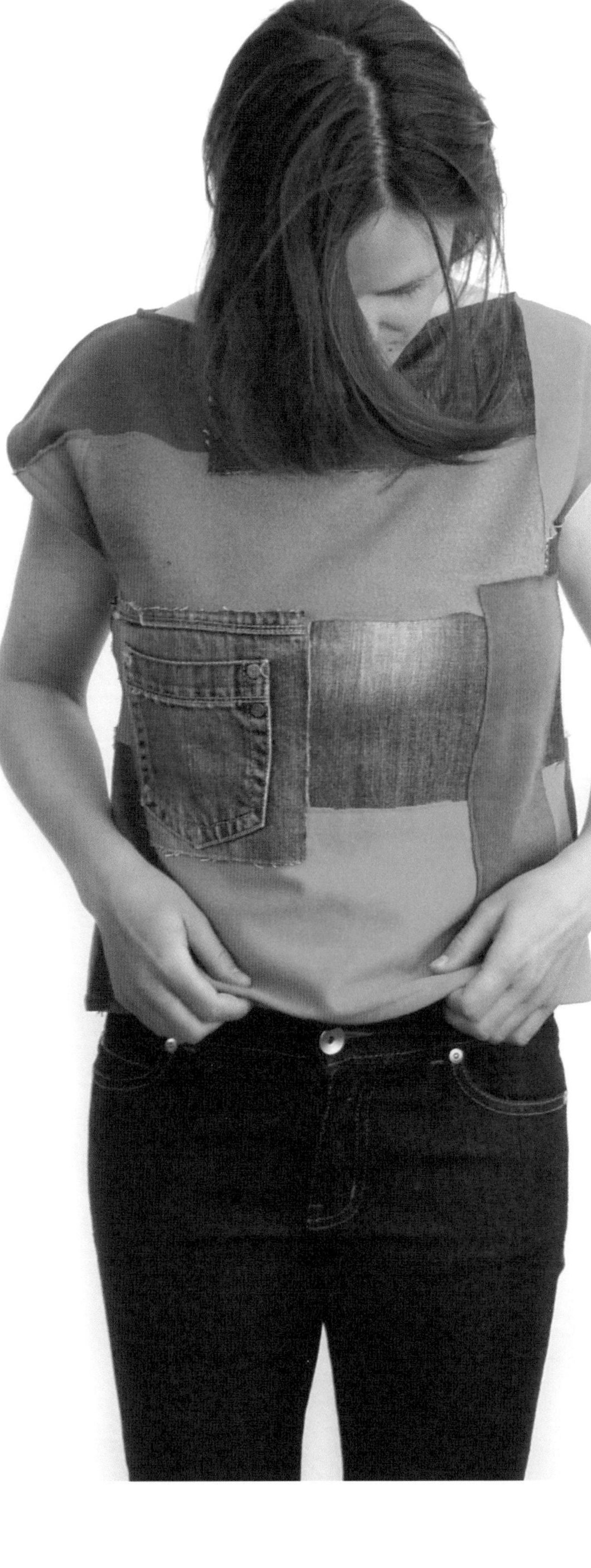

Minifalda vaquera

Esta falda es una mezcla de *patchwork* y detalles aplicados. Para crearla, he combinado varios retales de tela vaquera y dos perneras de pantalón. Dado que se superponen diferentes capas de tela gruesa, te recomiendo que las cosas poco a poco; de hecho, es posible que tengas que mover la rueda de la máquina manualmente. Además, conviene que uses una aguja para tela vaquera. A pesar del carácter rebelde y vivaz que irradia la superficie, la falda presenta un diseño meticuloso que se consigue por medio del uso de formas bien definidas.

MATERIAL:
- Dos perneras de pantalón
- Retales de tela vaquera
- Goma elástica para la cintura de 6 cm de ancho (largo según la medida de la circunferencia de la cintura)
- Patrón de falda recta sencilla
- Cremallera para falda
- Hilo

UTENSILIOS:
- Tijeras de sastre
- Escuadra
- Bolígrafo o tiza para tela
- Máquina de coser
- Aguja para tela vaquera
- Alfileres

1 CÓMO CORTAR LA FALDA A MEDIDA DEL PATRÓN

Como base para hacer la falda necesitas dos perneras de pantalón. > Córtalas por la costura que no tenga una costura doble; suele ser la costura interior de la pierna. > Pon las perneras en sentido transversal delante de ti de forma que la costura doble quede en el centro de la tela. > Corta la parte delantera y trasera de la falda (una pieza de cada pernera) a medida de tus patrones. > Corta la falda dejando 1,5 cm de margen de costura en la parte superior y 1,5 cm de margen de costura en los laterales. > El margen de costura del bajo será de 3 cm. > Cose unas pinzas.

2 CÓMO TRABAJAR LA TELA

Dibuja formas geométricas en los retales con la ayuda de la escuadra y un bolígrafo (se va al lavar la tela) o una tiza para tela. > Corta las formas dejando un margen de costura. > Cuando hagas formas geométricas, utiliza siempre una escuadra para que las líneas te salgan lo más rectas posible. Si no te salen rectas, la falda te quedará ondulada, no plana.

Crea un diseño interesante combinando las formas y cóselas. > Para coserlas, haz lo siguiente: une dos formas con alfileres, cóselas, y después cose el margen de costura hacia adentro, en una dirección, a unos 3 mm de distancia de la aguja. > A continuación, añade la siguiente forma.

Diseña otra combinación especial para la parte trasera de la falda. > Plancha los diseños geométricos y cóselos a las dos piezas de la falda. > Ahora puedes añadir otras formas especiales y coserlas. > Plancha ambas piezas de la falda.

3 CÓMO COSER LA FALDA

Une las dos partes de la falda. > En el lateral izquierdo, deja una abertura de la medida de la cremallera. > Sobrehíla los márgenes de costura; en el lado de la cremallera, sobrehílalos por separado. > Sobrehíla también los márgenes del borde superior de la falda. > Dóblalos hacia adentro y cóselos. > Pon la cremallera y a continuación dobla y cose el bajo de la falda.

Vestido artístico

La combinación de retales de varios tamaños da como resultado este vestido, que recuerda más al arte que a la confección. Ofrece la posibilidad de jugar con los tonos de una misma familia de colores y añadir pequeños trozos de tela para formar un conjunto bien integrado. Se trata de un diseño tridimensional de *patchwork*, cuya creación requiere tiempo. Para compensar el relieve de la superficie de la tela, el corte de la prenda es muy sencillo y cómodo. La confección de este vestido no se puede describir al detalle, así que ¡deja volar tu imaginación!

MATERIAL:
- Trozos de tela muy grandes con una caída suave o tela de algodón nueva (en este modelo, tela rugosa)
- Retales más pequeños de una tela bonita como la seda, la organza o el lino (todos de la misma familia de colores)
- Patrón de una blusa ancha y sencilla
- Hilo

UTENSILIOS:
- Tijeras de sastre
- Máquina de coser
- Alfileres
- Plancha
- Aguja
- Opcional: maniquí

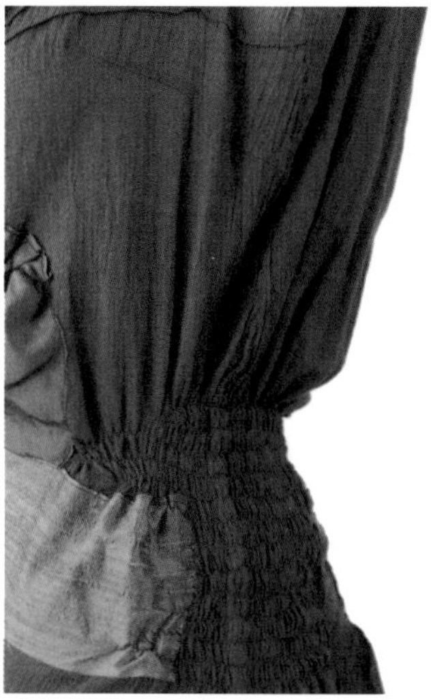

1 CÓMO TRABAJAR LA TELA

Para confeccionar este modelo no es necesario que hagas los cortes rectos y con gran precisión, especialmente en los retales pequeños. Al unir las piezas, las pequeñas imprecisiones crean un efecto tridimensional que da un toque interesante y llamativo a la prenda.

2 CÓMO CORTAR EL VESTIDO A MEDIDA DEL PATRÓN

Usa el patrón de una prenda que te quede bien de ancho. Por ejemplo, el patrón de una blusa cómoda o el de una camisa de hombre. > Alarga el patrón según el largo que quieres que tenga el vestido. Alarga también los hombros para conseguir una forma que los realce. Este vestido no tiene pinzas.

3 CÓMO COSER LA TELA

Cose los retales entre sí, con algunos parcialmente superpuestos. > Empieza por un trozo de tela grande que cubra buena parte de la pieza delantera del vestido. > Haz lo mismo con la pieza trasera. > Ve cosiendo retales al trozo de tela grande. No es necesario que quede perfecto, porque esta será la capa base de la prenda.

Haz pliegues en algunos retales para dar forma a la tela. > A continuación, colócalos sobre la parte delantera y trasera como más te guste. > El hecho de limitarse a una familia de colores hace que las diferentes telas queden bien integradas visualmente.

4 CÓMO COSER EL VESTIDO

Plancha los márgenes de costura de la tela por el medio, separándolos. > Cuando la tela sea lo suficientemente grande para cortar los dos patrones que necesitas, perfecciona el diseño que has creado. Añade detalles que destaquen y cóselos a la tela. > Cuando hagas esto, asegúrate de haber doblado antes los bordes de los trozos de tela que has creado.

Si te gusta cómo te ha quedado la superficie de la tela, recorta las piezas delantera y trasera del vestido dejando un margen de costura de 1,5 cm. > Cóselas, pero deja las aberturas de las mangas. > Dobla hacia adentro dos veces los bordes de las aberturas y pásales un pespunte a medida de la patilla del prensatelas, o cóselos a mano y te quedará aún mejor. Ponte el vestido. Si te queda demasiado ancho de los laterales, haz un frunce en un lado o cose algunos pliegues para estrecharlo. No lo ajustes demasiado porque querrás sentirte cómoda. > En cuanto a la dirección, cose en diagonal hacia arriba.

5 CÓMO HACER EL CUELLO

Coloca un trozo de tela grande con una caída suave alrededor del cuello y cóselo. > Dale forma a la tela para que decore el escote y fija algunos puntos a la base de la prenda. Fíjala también por la parte interior con el margen de costura doblado. > A continuación, cósela a mano.

6 CÓMO HACER EL BAJO

Dobla hacia adentro dos veces un poco de tela del borde del bajo y cóselo a mano o a máquina. Si usas la máquina de coser, pasa el pespunte a medida de la patilla del prensatelas.

Te aconsejo que centres tu atención en la vuelta del escote y la zona de los hombros. Haz un diseño asimétrico y decide en qué dirección trabajarás la prenda.

Camiseta con gotas de colores

A partir de una camiseta extragrande que tenía colgada en el armario desde hacía años sin aprovecharla, he hecho una bonita camiseta acampanada muy elegante. Las gotas de colores las he estampado con sellos hechos con una patata.

MATERIAL:
- Camiseta de corte grande, sin elastano
- Colorante textil azul cerceta, amarillo, rosa pardo y marrón
- Patrón o camiseta de punto que te quede bien para sacar el patrón
- Hilo

UTENSILIOS:
- Plancha
- Tijeras de sastre
- Alfileres
- Máquina de coser
- Patata grande
- Retal como trapo para limpiar
- Cuchillo de cocina
- Punzón
- Dos platos viejos
- Esponja pequeña (una para cada colorante)

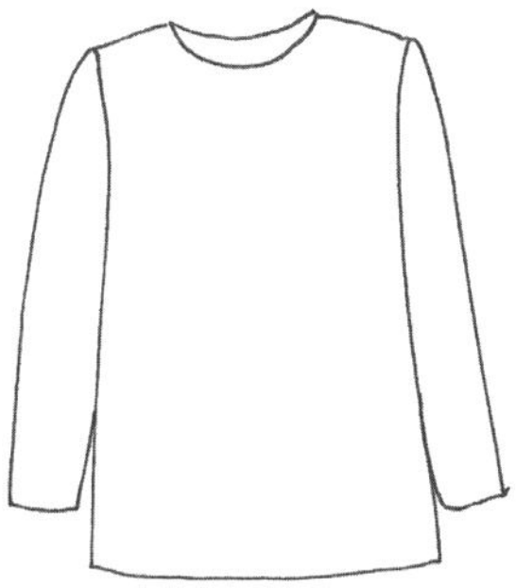

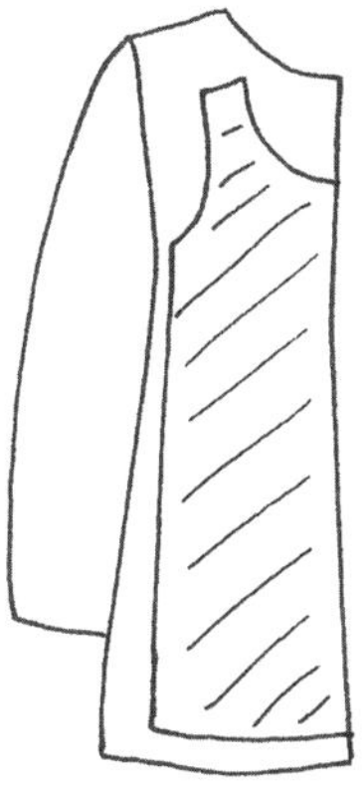

1

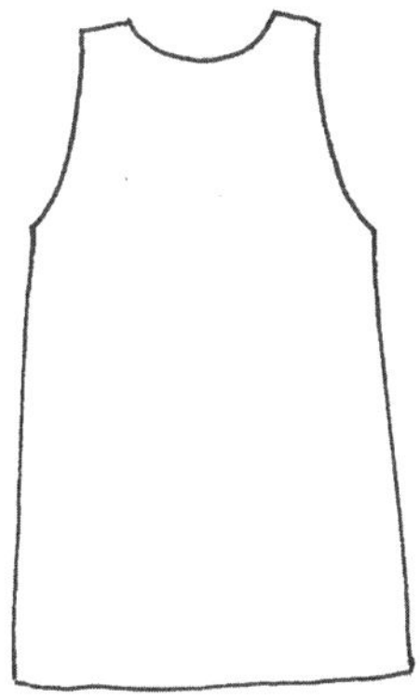

1 CÓMO CORTAR LA CAMISETA ACAMPANADA

Plancha la camiseta. > Dóblala por el medio a lo largo. > Pon el patrón, o la camiseta que usarás como patrón, doblados igualmente por el medio, encima de la camiseta, de forma que coincida la doblez de ambas prendas (ten en cuenta que la que usas como patrón debe quedar por debajo de la abertura del cuello de la camiseta grande). > Dibuja la camiseta. Empieza por la parte superior, estrecha y con poco escote, y ve bajando hacia los bordes del lateral de la camiseta más grande. > Córtala dejando un margen de costura de 1 cm en la parte superior y en los laterales, y de 2 cm en el bajo. Si sigues estos pasos, te quedará con forma acampanada. > Si no te gusta que sea tan estrecha de arriba, deja los hombros más anchos. > Corta el escote de una de las dos piezas un poco más profundo (esta será la parte delantera). > Plancha las dos piezas.

2 CÓMO ESTAMPAR LA CAMISETA

Lava la patata y seca la piel. > Necesitaremos dos tamaños de gota diferentes. > En función del tamaño que quieras que tengan las gotas, decide si te va mejor cortar la patata a lo largo o a lo ancho. > Córtala por el medio según lo que hayas decidido. > Con un cuchillo, recorta una forma de gota en una mitad y una gota más pequeña en la otra mitad. > Seca la parte tallada de la patata con el trapo.

Pon una pequeña cantidad de cada colorante en los dos platos y moja la esponja. > Para mantener el colorante limpio, sin que se mezcle, te recomiendo que uses una esponja para cada color. > Utiliza la esponja para aplicar el colorante sobre la forma de gota y estampa la tela. > Repite el mismo procedimiento para estampar la camiseta con gotas de varios tamaños. > En mi modelo, la punta de las gotas está inclinada hacia la derecha, y las gotas están repartidas de forma aleatoria. > Cuelga las dos piezas de la camiseta y deja que se sequen. > Una vez secas, plánchalas para fijar el colorante según las instrucciones.

3 CÓMO COSER LA PRENDA

Pon las dos piezas derecho con derecho, prende con alfileres las costuras laterales y del hombro y cóselas. > Para pulir la abertura del escote y las mangas y hacer el bajo, dobla hacia adentro el margen de costura, préndelo con alfileres y cóselo con punto elástico como más te guste. > Recorta el margen de costura sobrante. ¡Ya lo tienes!

2

3

Minifalda estampada

Esta elegante falda es la prueba de lo que se puede conseguir con tela de punto. El corte de la prenda es sencillo para que resalte el estampado geométrico. Para confeccionar esta falda te recomiendo que utilices una camiseta de tela resistente, una sudadera fina o cualquier otra tela que tenga una elasticidad suave pero que no sea demasiado fina. La forma del estampado la he dibujado con una regla y un lápiz en una placa de caucho que después he recortado.

MATERIAL:
- Tela de punto de una camiseta gruesa, una sudadera fina o prendas similares
- Colorante textil
- Cinta de goma para la cinturilla, 3 cm de ancho
- Hilo

UTENSILIOS:
- Tijeras de sastre
- Placa de caucho
- Regla
- Lápiz
- Cuchillo de cocina
- Punzón
- Plato
- Alfileres
- Máquina de coser
- Imperdible

1 CÓMO CORTAR LAS PIEZAS DE LA FALDA

Corta dos trozos de tela del largo y el ancho deseados y ajústalos a tus medidas. > Ten en cuenta que debes añadir un margen de costura de 1,5 cm en los laterales, 3 cm en el bajo y 5 cm para la cinturilla.

2 CÓMO DAR FORMA AL INSTRUMENTO PARA ESTAMPAR

Utiliza una regla y un lápiz para dibujar en una placa de caucho la forma que quieres estampar. > Extrae con un punzón la parte del molde que no quieres estampar. Pon un poco de colorante en el plato. > Moja la esponja en un poco de colorante y aplícalo en el sello de caucho. > Estampa el sello en la tela. > Levántalo y vuelve a aplicar colorante en el sello. > Estampa las dos piezas de la falda siguiendo este procedimiento. > Deja secar la tela y plánchala para fijar el colorante.

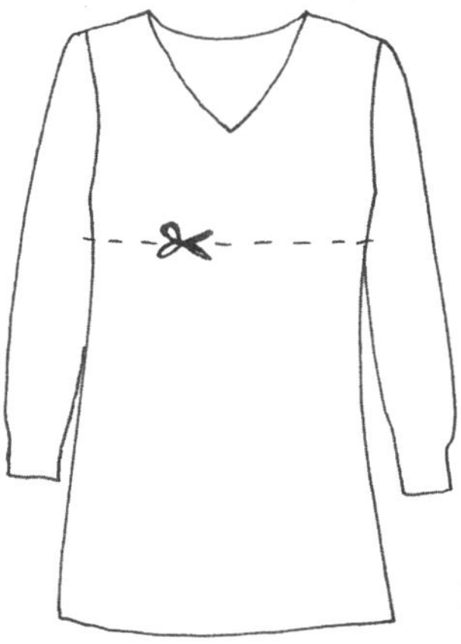

1

3 CÓMO COSER LA FALDA

Prende con alfileres las costuras laterales y cóselas. > Para coser la cinturilla, dobla hacia adentro el margen de costura y cóselo dejando un hueco para pasar la cinta de goma. La distancia hasta la doblez debe ser de unos 3,5 cm. > En el centro de la parte trasera, deja una abertura de 5 cm para meter la cinta de goma.

4 CÓMO COSER EL BAJO Y LA CINTURILLA

Dobla hacia adentro el margen de costura y cóselo con punto elástico. > Clava el imperdible en un extremo de la cinta de goma, mételo por el hueco, calcula el ancho necesario y ataca los dos extremos de la goma, superpuestos. > Cose la abertura para cerrarla.

Para estampar mejor la tela, colócala sobre una base protectora blanda. Una buena opción es usar una capa fina de gomaespuma cubierta con un trozo de tela vieja.

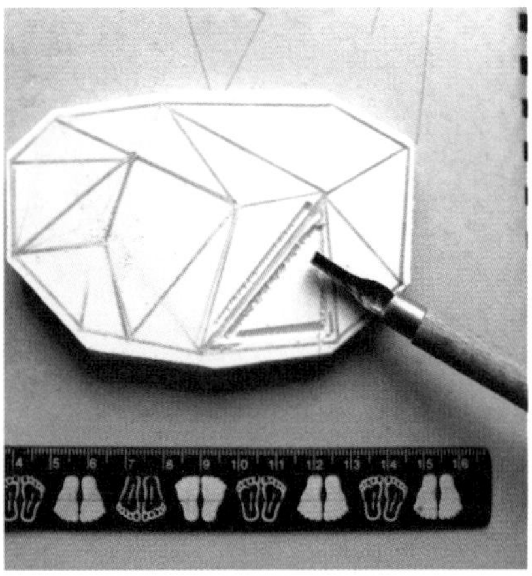

2

4

Braga para el cuello y turbante de *patchwork*

La idea para crear esta braga-turbante se me ocurrió cuando acababa de ordenar por familias de colores las camisetas que quería reciclar y me di cuenta de que en cada grupo quedaba demasiado poca tela para crear una prenda grande. Un diseño de *patchwork* como el de este accesorio es ideal para estos casos. Se pueden hacer prendas superiores, vestidos e incluso bragas y turbantes; en este caso, se puede completar la pieza trasera del artículo con tela de un solo color. Lo que queda muy bonito es una braga o turbante hecho a partir de una camiseta con porcentaje de viscosa, porque este material le da una suave caída. La de este modelo es de punto de viscosa y algodón.

MATERIAL:
- Tres camisetas, a ser posible de un material con caída suave
- Tira de tela de punto resistente, 30 × 140 cm
- Hilo

UTENSILIOS:
- Máquina de coser
- Cinta métrica
- Agujas

1 CÓMO COSER LAS TIRAS

Corta las camisetas por debajo de las mangas. El largo de la tela debe ser de unos 35 cm. > En los trozos de camiseta que has obtenido, corta una de las costuras laterales para que te quede una tira larga. > Pasa un pespunte en línea recta para eliminar la curvatura de la zona de la cintura y recorta el margen de costura. > A continuación, cose las piezas entre sí. > Para hacer el modelo de esta página he cosido una camiseta y media, y un trozo para completar los 140 cm. > En las tiras, separa con cuidado los márgenes de costura por el medio y plánchalos ligeramente con vapor. > Vuelve a medir la tira de *patchwork* y recórtala para que mida 140 × 30 cm. > Después, cose la parte superior e inferior de la tira de *patchwork* a la tira de tela larga y deja abiertas las partes estrechas.

1

2 CÓMO MONTAR LA BRAGA-TURBANTE

Coloca la braga de forma que coincidan los bordes abiertos de ambos extremos. > A continuación, pon las capas de tela derecho con derecho y prende los bordes con alfileres hasta que no puedas cerrarlos más y se enrosquen. Es así como debe quedar. > Cose el círculo con un margen de costura de 1,5 cm y remata al principio y al final. > Dale forma a la braga-turbante. > Queda una pequeña abertura; cósela con pequeñas puntadas a mano.

Cuando me probé la braga en la cabeza para ver la forma y calcular el tamaño adecuado para hacerme un bonito turbante, me di cuenta de que ya llevaba puesto el turbante perfecto. Por tanto, estas instrucciones sirven tanto para hacer una braga como un turbante. Aunque para un turbante te recomiendo que uses una tela de punto más resistente (con un menor porcentaje de viscosa) para que tenga más estabilidad.

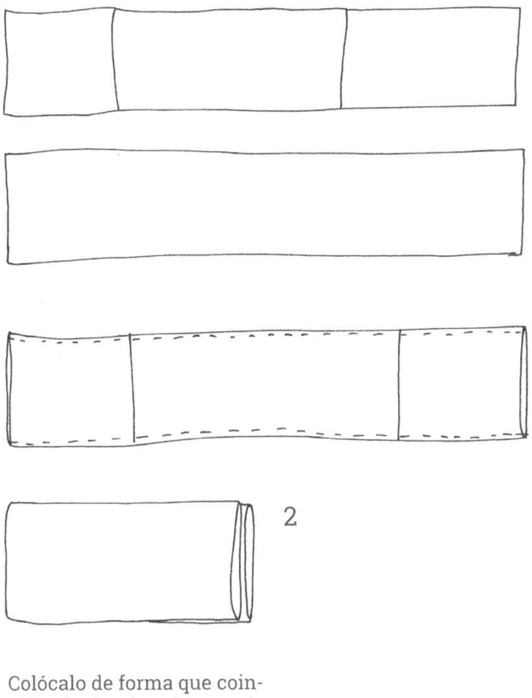

2

Colócalo de forma que coincidan los bordes abiertos de ambos extremos.

Tocado de tela vaquera

Este bonito tocado destaca por la belleza de los tonos azules que hacen tan especial la tela vaquera. Este accesorio para el día a día está hecho con retales y con perlas de vidrio que le dan un toque de glamur.

MATERIAL:
- Retales de tela vaquera en diferentes tonos de azul
- Entretela adhesiva fuerte
- Perlas de vidrio de Swarovski
- Clip para el pelo o peineta
- Hilo

UTENSILIOS:
- Tijeras de sastre
- Tijeras en punta pequeñas
- Plancha
- Jaboncillo de sastre o bolígrafo
- Máquina de coser
- Aguja
- Alfileres
- Opcional: cabeza de maniquí

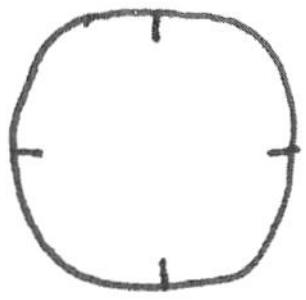

2 círculos de tela.

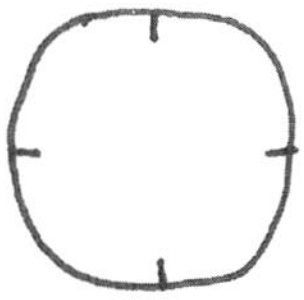

1

1 CÓMO COSER LA BASE DEL TOCADO

Decide el tamaño que quieres que tenga el tocado. El de la foto de la derecha mide 14 cm de diámetro. > Prepara las telas, elige una y dibuja dos círculos. > Recorta los círculos con un margen de costura de 1,5 cm. > Plancha la entretela adhesiva fuerte sobre uno de los círculos. Esta será la parte superior de la base del tocado.

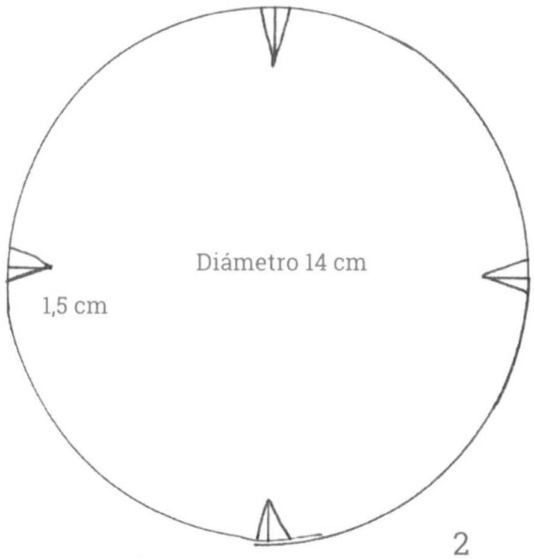

2

2 CÓMO HACER LAS PINZAS

Dobla los círculos por la mitad y haz una marca en los puntos del pliegue del borde. > Desdobla los círculos y vuélvelos a doblar en ángulo recto. > Marca también los puntos del pliegue del borde, que será donde empezarán las pinzas. > Marca las pinzas de 3 cm pasando por el centro. Empieza con un ancho de 0,5 cm. > Cose las pinzas desde el borde hacia el interior del círculo y acaba en la punta. Remata la puntada. > Corta los hilos. > Plancha las pinzas con cuidado y aplica vapor al tocado, si es posible sobre una cabeza de maniquí (la parte redonda de la tabla de planchar también te puede servir). > Lo importante es que las dos bases del tocado tengan una forma redondeada armoniosa.

3 CÓMO SOBREHILAR LOS BORDES

Para sobrehilar los bordes tienes dos opciones. A. Pulirlos con una tira al bies: une con alfileres las dos bases, revés con revés. > Pule los bordes juntos con una de las tiras al bies cortadas de la tela vaquera. B. Coser las dos bases derecho con derecho: pon las dos bases derecho con derecho y cóselas, dejando una abertura de unos 5 cm para girarlas. > Vuelve la base del tocado del derecho y estírala. > Plánchala sobre una cabeza de maniquí o similar que tenga la forma adecuada. > Cierra la abertura con pequeñas puntadas a mano.

4 CÓMO DECORAR LA BASE DEL TOCADO

Recorta círculos de los diferentes retales de tela vaquera. Empieza por círculos que tengan unos 3 cm de diámetro. > Después, corta más círculos de diferentes tamaños para dar un toque más animado al tocado. > Dispón los círculos sobre el tocado, parcialmente superpuestos, hasta cubrir toda la superficie. > Queda muy bonita la gradación de colores que se consigue con las diferentes superficies. > Cose todos los círculos uno a uno. > Te recomiendo que cosas primero una parte de los círculos y, después, cubras la superficie con una segunda capa.

Por último, cose las perlas y el clip de pelo (o la peineta) en la parte interior del tocado.

Cose dos líneas en forma de X en el medio de cada círculo: haz un remate al principio, cose primero en una dirección, vuelve al centro de la línea, gira el círculo, cose otra línea que cruce la primera y haz otro remate al final.

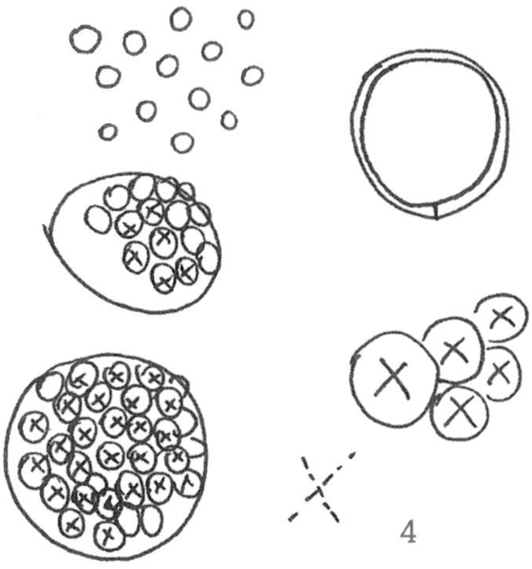

4

Cose dos líneas en forma de X.

Gorro y braga con flecos

Dos artículos bonitos y prácticos para el día a día: un gorro y una braga para el cuello con flecos. Los he hecho a partir de una camiseta con un estampado de un grupo de música, que me regaló mi sobrino para que la reciclara. Las camisetas estampadas son especialmente adecuadas para reutilizarlas de esta forma, porque el estampado da un toque interesante a los dos artículos. El gorro es reversible y, por tanto, puedes llevarlo del lado que quieras e incluso combinarlo con una tela ecológica nueva.

MATERIAL:
- Camiseta grande con estampado
- Retal de punto, camiseta vieja o tela ecológica nueva
- Patrón de un gorro sacado de internet, impreso y recortado
- Hilo

UTENSILIOS:
- Plancha
- Tijeras de sastre
- Alfileres
- Máquina de coser
- Aguja

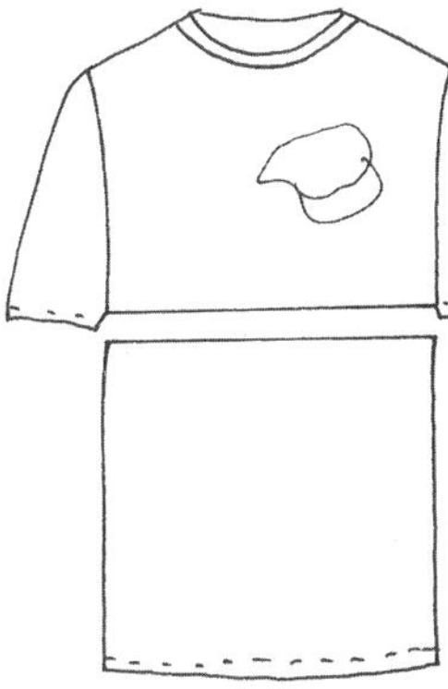

1

1 CÓMO CORTAR LAS PIEZAS DEL GORRO

Plancha la camiseta. > Para aprovechar la camiseta de la mejor manera posible, te recomiendo que cortes el gorro de la parte superior. > Coloca el patrón sobre la tela. Intenta que la parte que más te gusta del estampado quede al lado de las pinzas; si no, es posible que cortes el dibujo al coser la pinza.

Corta el gorro de la parte delantera y trasera sin olvidar dejar un margen de costura. > Corta el segundo gorro del retal (o de la camiseta vieja o tela ecológica).

2 CÓMO PRENDER CON ALFILERES Y COSER LAS PINZAS

Prende con alfileres las pinzas de todas las piezas y cóselas con punto elástico. > Pon las dos piezas de cada gorro superpuestas, préndelas con alfileres y cóselas. En el gorro interior, deja una abertura de unos 5 cm para girarlo. > Recorta el margen de costura.

3 CÓMO UNIR LOS GORROS

Pon los dos gorros derecho con derecho uno dentro del otro, prende los dobladillos con alfileres y cose la vuelta con punto elástico. > Corta los hilos. > Estira el gorro por la abertura que has dejado y gíralo. > Estíralo bien. > Cierra la abertura con pequeñas puntadas a mano.

4 CÓMO HACER LA BRAGA

Para hacer la braga, corta la camiseta por debajo de las mangas. > Pon la camiseta plana. > Para hacer los flecos, desde el borde que has cortado, haz cortes de 15 cm de profundidad a una distancia de 1 cm entre sí. > Desdobla las dos capas de tela y sacúdelas. ¡Ya tienes la braga!

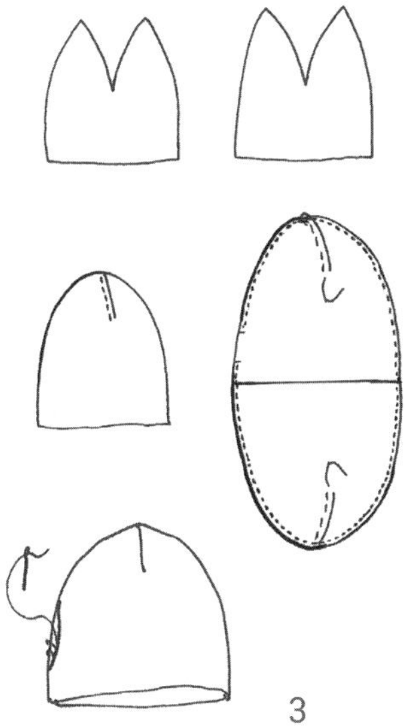

3

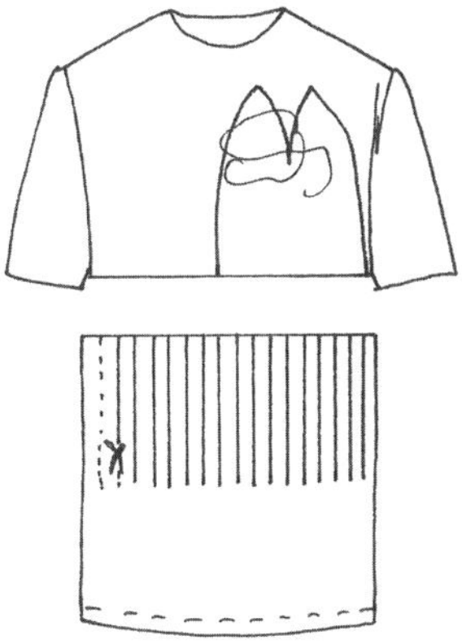

4

Turbante bandana a partir de unas mangas

En las mangas de una chaqueta de punto descolorida hay suficiente tela para hacer un turbante estilo bandana. El que ves aquí se cose en un abrir y cerrar de ojos y queda muy bonito gracias al detalle del nudo.

MATERIAL:
- Las dos mangas de una chaqueta de punto de lana descolorida
- Hilo

UTENSILIOS:
- Tijeras de sastre
- Máquina de coser
- Aguja
- Alfileres

Vuelve las mangas del revés y préndelas con alfileres por la parte más ancha. > Cóselas. > A continuación, vuélvelas del derecho por el agujero de una de las mangas. > Pon una manga sobre la otra y crúzalas. Estíralas un poco. > Prende los puños con alfileres a la parte interior del turbante y cóselos a mano.

Collares

Para hacer estos collares puedes usar todas las telas y retales que te han sobrado de los proyectos anteriores. En realidad, se puede aprovechar hasta el último centímetro de un retal. En función del color y del diseño puedes crear collares elegantes, visualmente sugerentes o de estilo étnico.

MATERIAL:
- Retales de punto y algodón
- Legumbres o castañas, y pequeños retales de punto, algodón, etc. para rellenar los collares
- Hilo resistente

UTENSILIOS:
- Tijeras de sastre
- Máquina de coser
- Imperdible

1 CÓMO PLANIFICAR EL DISEÑO

Decide el largo del collar y el tamaño de las bolas. Para hacer las bolas medianas, yo he usado legumbres secas. Las bolas grandes las he rellenado con castañas, lo que hace que el collar sea bastante pesado. Si quieres que sea más ligero, rellénalo con retales pequeños.

2 CÓMO HACER LAS TIRAS

Prepara los trozos de tela para hacer la tira y córtalos del largo y el ancho deseados (en este caso, 6 cm incluido 1 cm de margen de costura en cada lado). > Dobla la tira a lo largo, derecho con derecho. > Cósela.

Clava el imperdible en un extremo de la tira e introduce la aguja poco a poco por el hueco, metiendo también la tela, hasta que el imperdible y la tela sujeta a él salgan completamente por el otro extremo del hueco. > Ahora tienes el collar del derecho. Plancha ligeramente la tira.

3 CÓMO RELLENAR EL COLLAR

Decide cuánta tela necesitas para anudar el collar. > Según el trozo que hayas calculado, haz un nudo en un extremo de la tira. Mete las legumbres (o lo que utilices para rellenar el collar) por el otro extremo y empújalas por dentro de la tira hasta el nudo. > Pon la primera legumbre al lado del nudo. A continuación, con un hilo de unos 40 cm doblado, da vueltas alrededor de la tira justo después de la legumbre. Cuanto más aprietes el hilo, mejor quedará la forma.

Repite el procedimiento de meter las legumbres y separarlas con el hilo. > Por último, haz otro nudo en el extremo opuesto de la tira.

Estos collares permiten hacer multitud de diseños. Por ejemplo, puedes coser diferentes retales entre sí para formar una tira con bloques de colores y perlas de diferentes colores.

Tocado de punto

Este bonito tocado estilo años 60 lo he confeccionado con un trozo de tela bien conservado de un jersey de lana que estaba un poco gastado y descolorido. Lo he lavado con agua caliente para apelmazar más la tela. Después le he dado forma para hacer una especie de drapeado. Lo único que necesitas para hacer un tocado como este es un poco de destreza y ganas de experimentar con la técnica del drapeado.

MATERIAL:
- Base del tocado con forma de gota
- Tela de punto lavada con agua caliente (retal irregular que sea unas tres veces más grande que la base del tocado)
- Clip para el pelo o peineta
- Hilo

UTENSILIOS:
- Tijeras de sastre
- Alfileres
- Aguja

1 CÓMO FIJAR LA TELA DE PUNTO A LA BASE

Plancha la tela de punto. > Une la tela de punto a la base prendiendo alfileres a lo largo del borde izquierdo de la gota, de arriba abajo y alrededor de la punta. > Pon los alfileres hasta unos 3 cm por encima de la punta. > Por la parte posterior de la base del tocado, la tela debe sobresalir más o menos 1,5 cm. > Necesitarás este trocito de tela para fijar bien el drapeado a la base. Desde la parte delantera no se debe ver. > Cose la tela con puntadas a mano sin clavar la aguja completamente en la parte delantera para que no traspase la puntada.

2 CÓMO DAR FORMA AL TOCADO

Enrosca el resto de la tela con una mano, préndela con alfileres, da forma al drapeado y fíjalo también con alfileres. Ten en cuenta que debe quedar suficiente tela para doblarla hacia atrás en la parte derecha y superior de la gota. > Si te gusta cómo te ha quedado el drapeado, cose la tela desde atrás sin clavar la aguja completamente en la parte delantera.

Si quieres, puedes añadir perlas u otros adornos al diseño. > En mi caso, he preferido dejarlo tal cual. Dobla hacia atrás la tela sobrante. Si es necesario, recorta la tela 1,5 cm. > Cose la tela a la base de forma que quede bien sujeta. > Cose el clip para el pelo o la peineta.

El diseño de este tocado lo dejo en tus manos. Espero que estos pasos te sirvan como guía para crear tu propia obra de arte. No dejarás a nadie indiferente, ¡ya lo verás!

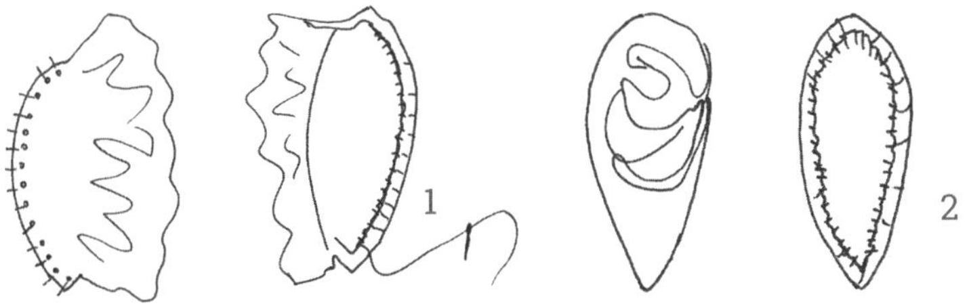

Parte delantera Parte posterior Drapeado Parte posterior

Braga hecha con retales

La idea para hacer esta braga se me ocurrió cuando estaba mirando todos los proyectos de mi caja de los restos y pensando qué podía hacer con los retales más grandes. En este modelo he combinado un trozo de punto monocolor de una camiseta y telas estampadas nuevas. Para hacer bragas para el cuello también es buena idea reutilizar las mangas de camisas u otros retales de tela tejida. Al combinar punto elástico con telas tejidas, la braga queda más suave que si solo se usan telas que no contengan punto.

MATERIAL:
- Retales grandes de punto y tela tejida
- Hilo

UTENSILIOS:
- Regla
- Jaboncillo de sastre o bolígrafo
- Tijeras de sastre
- Máquina de coser
- Agujas

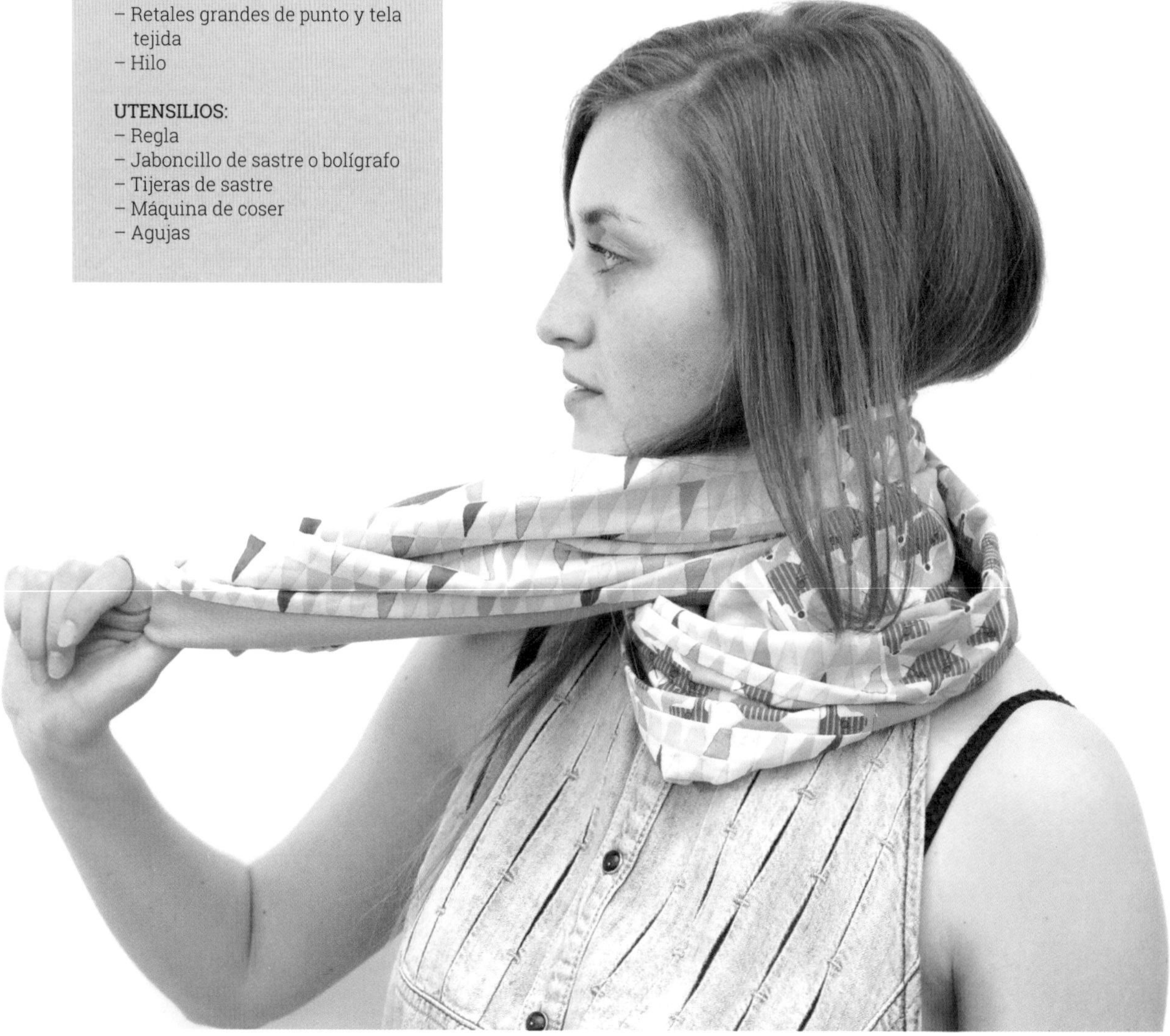

1 CÓMO UNIR LOS RETALES

Con la ayuda de una regla, marca cuadrados en los retales y córtalos. > Necesitarás dos superficies de 140 × 30 cm. > Cose los trozos de tela y plancha los márgenes de costura por el medio, separándolos. > Cuando ya tengas las dos superficies, cose las tiras de *patchwork* por el borde superior e inferior y deja abiertas las partes estrechas.

2 CÓMO TRABAJAR Y COSER LA BRAGA

Coloca la braga en sentido transversal y dóblala por el medio de forma que coincidan los bordes abiertos de ambos extremos. > Prende con alfileres los bordes de las capas de tela, derecho con derecho, empezando por el centro de las dos capas que están en el interior. > Pon alfileres hasta que no puedas cerrar más los bordes y la braga se enrosque. Es así como debe quedar. > Cósela con un margen de costura de 1,5 cm y deja una pequeña abertura para girarla. > Remata al principio y al final. > Vuelve la braga del derecho y estírala para que quede en forma tubular. > Cierra la abertura con pequeñas puntadas a mano. ¡Ya lo tienes!

También puedes estampar o pintar los retales antes de montar la braga. Para hacer este modelo, yo he optado por colores veraniegos suaves.

Bolsa para la compra de tela vaquera

Si tienes unos vaqueros rotos o que se te han quedado pequeños, puedes aprovechar la tela para confeccionar prácticas bolsas. Para hacer la que ves aquí he usado las medidas de una bolsa de tela. Puedes decidir si quieres usar solo las partes del pantalón que están en buen estado o si quieres integrar algunas partes rotas en el diseño. En el segundo caso, antes tendrás que remendar el roto.

MATERIAL:
- Pantalón vaquero para la bolsa y las asas o retal
- Hilo

UTENSILIOS:
- Tijeras de sastre
- Aguja
- Plancha
- Escuadra
- Alfileres
- Máquina de coser
- Imperdible

1 CÓMO CORTAR LOS VAQUEROS

Corta las perneras por debajo de la entrepierna del pantalón. > Recorta de la parte superior del pantalón un bolsillo trasero con la tela de debajo. Deja 1,5 cm de tela alrededor del bolsillo. > Dobla 1 cm más o menos los márgenes de costura e hilvánalos. > Deja la pieza a un lado. > A continuación, corta el pantalón por la costura interior de la pierna.

2 CÓMO CORTAR LAS DOS PIEZAS DE LA BOLSA

Pon las perneras del pantalón estiradas y plánchalas. > Corta dos rectángulos de estas superficies de tela según las medidas de la bolsa que usas como patrón. Deja un margen de costura lateral e inferior de 1,5 cm y un margen superior de 6 cm. > Es importante que las piezas estén planas y estiradas. > Usa una escuadra. > Pon el bolsillo trasero que has cortado sobre una de las dos piezas de la bolsa, préndelo con alfileres y cóselo.

3 CÓMO HACER LAS ASAS

Corta dos tiras de la tela vaquera que midan 70 cm de largo y 7 cm de ancho. > Pon las tiras derecho con derecho y dóblalas a lo largo, cóselas y gíralas con la ayuda de un imperdible. > Coloca las tiras de forma que la costura de cada una de ellas esté en el medio y plánchalas para que queden planas.

4 CÓMO MONTAR LA BOLSA

> Cose las piezas de la bolsa para unirlas y sobrehíla los márgenes de costura. > En cuanto al borde superior de la bolsa, dobla dos veces hacia adentro el margen de costura y cóselo. > Coloca las asas como se muestra en el dibujo y cóselas a la bolsa por la parte interior de esta. > A continuación, refuerza la unión de las asas y la bolsa con una puntada en forma de X.

Si la zona de la rodilla del pantalón está rota o desgastada pero quieres usarla para hacer la bolsa, pon un retal debajo como refuerzo y cose el roto o desgaste en diferentes direcciones.

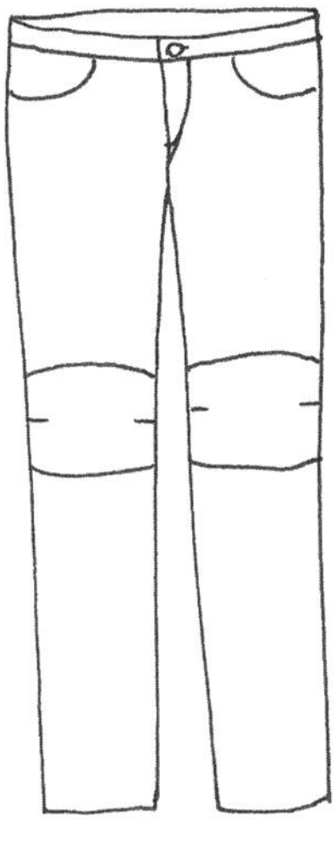

1

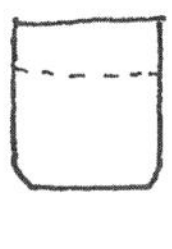

2

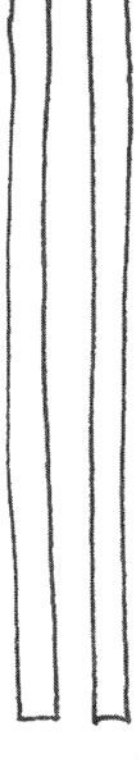

3

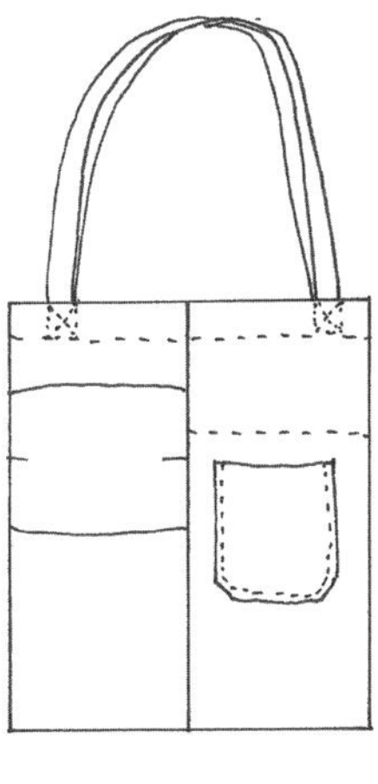

4

Bolsa para la compra estampada con maíz

Si quieres reutilizar la tela de un polo que se te ha quedado pequeño, puedes aprovecharla para hacer bonitas bolsas para la compra. En cuanto al estampado, podríamos decir que lo tomé de un paseo. Es una mazorca desgranada que encontré el año pasado cuando paseaba junto a un maizal.

MATERIAL:
- Polo
- Dos mazorcas de maíz desgranadas o mazorcas secas lo más rectas posible (o el material que elijas)
- Colorante textil negro

UTENSILIOS:
- Tijeras de sastre
- Pincel
- Plancha
- Alfileres
- Máquina de coser

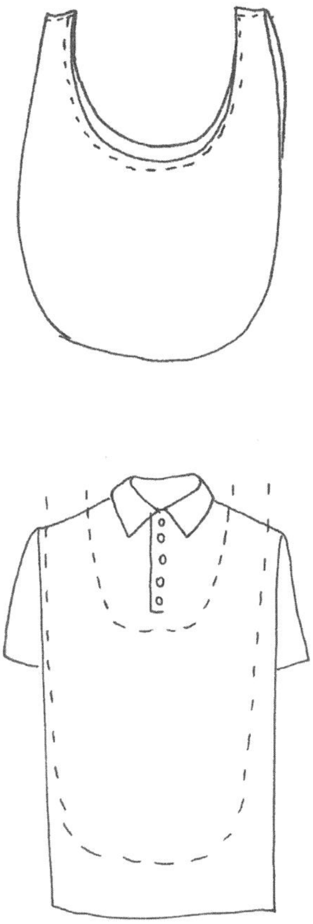

1

1 CÓMO DAR FORMA A LA BOLSA

Corta el cuello del polo desde la costura del hombro. > Después, recorta la forma que vaya a tener la bolsa. > En mi caso, como la camiseta tenía las mangas demasiado cortas, no le he puesto bolsillos exteriores a la bolsa. > Si tu polo es más completo, puedes cortar las mangas, abrirlas por la costura y cortar un bolsillo (tendrías que poner el puño de la manga en la parte de arriba, para usarlo como abertura del bolsillo).

2 CÓMO ESTAMPAR LA BOLSA

Para estampar las piezas, ponlas sobre una superficie plana. > Aplica colorante sobre la mazorca desgranada y hazla rodar por encima de la tela. > En función de la intensidad y la dirección del movimiento obtendrás diferentes estampados. > Cuando la capa de color sea demasiado fina, vuelve a aplicar colorante a la mazorca. > Estampa toda la superficie de la tela usando las mazorcas como rodillos. > Las manchas de color y las zonas más claras y más oscuras están hechas a propósito. Dado que las mazorcas desgranadas forman un rodillo irregular, el resultado no puede quedar uniforme. Si en lugar de mazorcas desgranadas prefieres usarlas con los granos, intenta que sean lo más rectas posible para que puedas conseguir un estampado más o menos uniforme. > Deja que se seque la tela. Plánchala para fijar el colorante.

(Si has cortado bolsillos exteriores: estámpalos de la misma forma, deja que se sequen, plánchalos, dobla los márgenes de costura e hilvánalos. Por último, cóselos a la bolsa.)

3 CÓMO MONTAR LA BOLSA

Pon las piezas derecho con derecho y préndelas con alfileres. > En mi bolsa, la abertura y el inicio de las costuras laterales están alineados. > Cóselas. > Dobla los márgenes de costura hacia adentro y cóselos con punto elástico. Recorta el margen de costura sobrante. ¡Ya lo tienes!

Obviamente, para hacer este estampado también puedes usar hojas u otros tesoros de la naturaleza. Ahora bien, procura que no tengan una estructura demasiado fina.

2

Accesorios decorativos

Aunque hemos llegado al final de este libro, todavía nos quedan algunos artículos que no podemos dejar en la caja de los restos. Por ejemplo, los cuellos de camisa que hemos cortado, partes de camisetas o un trozo de vestido.

Estos restos también se pueden ganar el retorno al armario como accesorios decorativos. Además, no requieren mucho trabajo. En el caso de los cuellos, por ejemplo, solo hay que sobrehilar los bordes. De hecho, puedes dejarlos sin rematar para darle un toque más artesanal al accesorio.

En cuanto a las camisetas, puedes cortar tiras de 3 cm de ancho en el bajo, estirarlas y utilizarlas como cinta para el pelo. Y del trozo que te ha sobrado del vestido hippie puedes hacer una braga para el cuello o un detalle para decorar el pelo. Fácil, ¿no?

Anexo

INFORMACIÓN SOBRE LA INDUSTRIA TEXTIL, MARCAS DE MODA Y CERTIFICADOS:

— Moda Sostenible Barcelona
http://www.modasosteniblebcn.org
También organiza cada noviembre el BCN Ethical Fashion Fest (BEFF), el festival de moda ética de Barcelona
— RDB-Responsible Design Barcelona
www.facebook.com/responsibledesignbarcelona
Plataforma para la promoción de la moda sostenible
— Asociación Moda Sostenible Madrid
www.msmad.es
— Fashion Revolution
www.fashionrevolution.org
Movimiento internacional que aboga por una moda más ética y responsable
— www.eco-age.com
Consultora especializada en ética y estética e impulsora de la iniciativa Green Carpet Challenge
— www.redress.com.hk
ONG dedicada a optimizar los recursos naturales en la industria de la moda
— www.cleanclothes.org
Red internacional de ONG, sindicatos y consumidores que tiene como objetivo mejorar las condiciones de los trabajadores de la industria global de la confección.
— En España, la Federación SETEM coordina la campaña Ropa Limpia:
www.ropalimpia.org
— En Cataluña, la Federació SETEM coordina la campaña Roba Neta:
www.robaneta.org
— http://www.greenpeace.org/espana/es/Trabajamos-en/Parar-la-contaminacion/Detox1/
— Asia Floor Wage Campaign
— www.getchanged.net
— WearFair Ethical Fashion Guide. Proporciona información detallada sobre la producción textil.
www.cleanclothes.at/media/common/uploads/download/ethicalfashionguide/EFG_final_1705.pdf
— Teixidors
www.teixidors.com
— Xisqueta
www.xisqueta.cat

PREMIOS:

— www.ecodesignawards.com
Concurso a escala mundial que premia a diseñadores de moda sostenible

DOCUMENTALES:

— *Traceable*, de Jennifer K Sharpe (2014)
— *The Next Black*, de David Dworsky y Victor Köhler (2014)
— *The True Cost*, de Andrew Morgan (2015)
— *Out of Fashion*, de Jaak Kilmi (2015)

BLOGS:

— www.slowfashionnext.com
— www.backstageladies.com
— www.sogoodsocute.com
— www.ecofashiontalk.com
— www.fraujonason.blogspot.com

LIBROS SOBRE INDUSTRIAL TEXTIL, MODA ECOLÓGICA, REDISEÑO:

— Brodde, Kirsten, *Saubere Sachen*, Ludwig Buchverlag, Múnich, 2009.
— Styles, Ruth, *Ecologist Guide to Fashion*, Leaping Hare Press, Brighton, 2014.
— Brown, Sass, *Ecofashion: moda con conciencia ecológica y social*, Art Blume, Barcelona, 2010.
— Brown, Sass, *Refashioned: moda vanguardista con materiales reutilizados*, Art Blume, Barcelona, 2013.
— Eagan, Greta, *Wear No Evil*, Running Press, Filadelfia, 2014.
— Minney, Safia, *Naked Fashion*, New Internationalist, Oxford, 2012.
— Gwilt, Alison, *Moda sostenible*, Editorial Gustavo Gili, Barcelona, 2014.
— Siegle, Lucy, *To die for*, HarperCollins Publishers, Londres, 2011.
— Salcedo, Elena, *Moda ética para un futuro sostenible*, Editorial Gustavo Gili, Barcelona, 2014
— Lavergne, Michael, *Fixing Fashion: Rethinking The Way We Make, Market and Buy Our Clothes*, New Society, Gabriola Island, 2015

— Minney, Safia, *Slow Fashion: Aesthetics meets Ethics*, New Internationalist, Oxford, 2016
— Fletcher, Kate, *Sustainable Fashion & Textiles*, Earthscan, Londres, 2008
— Sales Campos, Albert, *Guía para vestir sin trabajo esclavo*, Icaria, Barcelona, 2013

DISEÑO DE LA SUPERFÍCIE DE LA TELA:

— Russell, Alex, *Principios básicos del diseño textil*, Editorial Gustavo Gili, Barcelona, 2013
— Tellier-Loumagne, Françoise, *Inspirationen für Textildesign*, Haupt Verlag, Berna, 2010.
— Tellier-Loumagne, Françoise, *Textildesign Sticken*, Haupt Verlag, Berna, 2006.
— Udale, Jenny, *Diseño textil. Tejidos y técnicas*, Editorial Gustavo Gili, Barcelona, 2014
— Wolf, Colette, *The art of manipulating fabric*, Krause, Iola, 2003.

ESTILO:

— Cohen, Ari Seth, *Advanced Style*, powerHouse Books, Nueva York, 2012.
— García, Nina, *Der perfekte Stil*, Mosaik, 2012.
— Johnson, Anna Maria, *Style Queen*, Stilvoll leben mit kleinem Budget, Mosaik, 2014.
— Blog: http://www.fashionmegreen.com/

COLORES:

— Heller, Eva, *Psicología del color: cómo actúan los colores sobre los sentimientos y la razón*, Editorial Gustavo Gili, Barcelona, 2010.
— Cobb, Johnston y Debra y Kate Scully, *Predicción de tendencias del color en moda*, Editorial Gustavo Gili, Barcelona, 2012.

ASESORÍA DE COLOR Y ESTILO:

— Indigo by Laure. Laura Ritter@indigobylaure
www.facebook.com/indigobylaure

PLATAFORMAS DE ROPA DE SEGUNDA MANO:

— www.ropatecaonline.com
Un armario infinito para alquilar ropa de segunda mano
— www.chicfy.com
— www.percentil.com
— www.ropapasion.es
— www.miarmarioenventa.com
— www.elotroarmario.com
— www.miropago.com
— www.tiruleta.es
— www.willhaben.at
— www.kleiderkreisel.de
— www.ebay.es
— www.maedchenflohmarkt.de
— www.vestiairecollective.es

VINTAGE:

— www.leswingvintage.com
— www.losfelizshop.com
— www.vintage-paris.com
— www.bowsandbandits.com
— www.flovintage.com/en/
— www.etsy.com

PROVEEDORES DE TELAS ECOLÓGICAS:

España
— www.organiccottoncolours.com
Tienda online de tejidos de algodón 100 % orgánicos (venta a metros)
— www.positivefabrics.com
Tienda online de telas ecológicas estampadas (venta a metros)
— www.deyute.com
Venta al menor y al por mayor de tejido de yute
— https://www.naturellementchanvre.com/es/
Tejidos ecológicos y de cáñamo

Francia:
— www.biotissus.com

Holanda:
— www.purefabricz.com

Gran Bretaña
— www.daisyjanie.com

Estados Unidos
— www.monaluna.com

Austria:
— Biostoffe
www.biostoffe.at
— Kraftstoff, Wels, tienda, taller de costura y cursos
www.kraftstoff.at

— Stoff-Art
www.stoff-art.at
— Stoffsalon, tienda, taller de costura, cursos y tienda en línea
www.stoffsalon.at

Suiza:
— GRÜNEMETER
www.gruenemeter.ch
— Stoff und Kram
www.stoffundkram.ch

Alemania:
— Tejidos Anita Pavani
www.naturstoff.de
— CharLe Berlin
https://charle-berlin.de/de/naehzubehoer/
— Das blaue Tuch
http://de.dawanda.com/user/DasBlaueTuch
— Lebenskleidung (para diseñadoras y reventa)
www.lebenskleidung.com
— Lillestoff
www.lillestoff.com
— Meterwerk
www.meterwerk.de
— Nelly Morelli
http://nelly-morelly.de
— Siebenblau
www.siebenblau.de
— Stoffbotin
www.stoffbotin.de

SEDA ECOLÓGICA:

— www.textilesnaturales.com
— www.seidentraum.biz

PIEL:

— www.andosillapiel.com
— www.pielparaartesanos.com
— www.curtidossevillano.com

PIEL DE CURTIDO VEGETAL (RAÍZ DE RUIBARBO):

— www.deepmello.com

TEÑIDOS ECOLÓGICOS:

— www.cornblume.com
— www.francescapinol.com

REVISTA DE MODA SOSTENIBLE:

— *Gansos Salvajes Magazine*
www.gansossalvajes.com

LIBROS DE PATRONAJE, REVISTAS:

— *Burda Moden*
— *Ottobre*
— *La Maison Victor*

LIBROS DE MODA QUE INCLUYEN PATRONES:

— Sakaue, Noriko, *Las bases de la costura*, Editorial Gustavo Gili, Barcelona, 2015
— Mizuno, Yoshiko, *Las bases de la costura. Los bolsillos*, Editorial Gustavo Gili, Barcelona, 2015
— Watanabe, Sato, *Negro básico. 26 modelos para el guardarropa contemporáneo*, Editorial Gustavo Gili, Barcelona, 2016
— Yamada, Ruriko, *Costura chic para niños. 20 diseños infantiles únicos y divertidos*, Editorial Gustavo Gili, Barcelona, 2017

ETIQUETAS PERSONALIZADAS:

— www.wunderlabel.es
— www.dutchlabelshop.com
— www.dortex.es
— www.namensbaender.de

COLORANTES TEXTILES, PLACAS DE CAUCHO, MATERIALES PARA PINTAR:

— Vostock
www.vostokshop.eu
— Boesner
www.boesner.com
— Gerstaecker
www.gerstaecker.de
— Tocados:
Jordina Bravo
//jordinabravo.com/es/

— Les Catherinettes
www.lescatherinettes.es
— ELIURPI
www.eliurpi.com
— Andrea Vientëc
www.andreavientec.com

CENTROS DE COSTURA Y EXPERIMENTACIÓN TEXTIL:

Barcelona:
— Mucha Fibra
www.muchafibra.com
— Lantoki
www.lantoki.es
— Costuretas Social Club
www.costuretas.com

Madrid:
— Teté CaféCostura
www.tetecafecostura.com
— Trizas & Trazos
www.trizasytrazos.com
— Divina Costura
www.divinacostura.com

TIENDAS MULTIMARCA:

— www.movetoslow.com
Tienda multimarca especializada en marcas de ropa ética y sostenible
— www.blaugap.com

Barcelona:
— Green Life Style. Torrent de l'Olla, 95
www.greenlifestyle.es
— *Upcycling* BCN. Diputació, 356
upcyclingbarcelona.com
— Olokuti. Astúries, 36-38
www.olokuti.com
— Moda en positivo. Sant Joaquim, 28
www.modaenpositivo.com
— Coshop//coshopcollection.com

Madrid:
— The Circular Project Shop. Ventura Rodríguez, 22
www.facebook.com/thecircularprojectshop

Málaga:
— Veganized. Ferran González, 3
www.veganized.es

— Sevilla:
VerdeMoscú. Ortiz de Zúniga, 5
www.verdemoscu.eu

MARCAS QUE TRABAJAN CON TEJIDOS RECICLADOS:

Barcelona:
— All Sisters
www.allsisters.com

Madrid:
— Ecoalf
www.ecoalf.com

MARCAS DE REDISEÑO (ROPA Y ACCESORIOS):

Barcelona:
— Babochka
www.babochka.es
— VR *Upcycling* Collection
www.studiovirginiarondeel.com
— Del Través
www.deltravesbcn.com
— Annatrash
www.modestany.com
— Seamstress Vintage
www.seamstressvintage.com
— Vaho
www.vaho.es
— Pinza't
www.pinzat.org
— Cyclotie
www.cyclotie.com
— Babau
www.babau.cat
— Caboclo, Brasil-Barcelona
www.caboclobrasil.com

San Sebastián:
— Slowbag
www.slowbag.com

Berlín:
— Aluc
www.aluc.eu
— Daniel Kroh
www.danielkroh.com
— Fr.Jona&son
www.fraujonason.com
— Schmidttakahashi
www.schmidttakahashi.de

Londres:
— From Somewhere
www.fromsomewhere.co.uk
— Good One
www.goodone.co.uk
— Lu Flux
www.luflux.com

Viena:
— Km/a
www.kmamode.com
— Kontiki
www.kontiki.or.at
— Milch
www.milch.tm
— Printa
www.printa.hu
— Steinwidder
www.steinwidder.com

Estonia:
— Reet Aus
www.reetaus.com

GLOSARIO

Pinza
Pliegue de forma triangular o romboidal que se cose en una prenda para mejorar su ajuste. Lugares en los que se suelen poner pinzas: cintura, pecho, hombros.

Doblez
Parte por la que se dobla la tela.

Familia de colores
Colores basados en el mismo tono básico (por ejemplo, el azul) que se alejan de dicho tono si se les añaden otros colores, aunque prevalece la proporción del tono básico.

Simbolismo de los colores
Significado de los colores y las cualidades que se les atribuyen.

Moda ecológica
Neologismo sin ninguna definición legal que se utiliza en relación con los artículos de moda producidos de forma ecológica y/o justa.

Hilvanar
Fijar provisionalmente capas de tela. Se puede hacer a mano o con la máquina de coser (longitud de puntada máxima).

Puntada de hilván o bastilla
Puntada manual sencilla que consiste en pasar la aguja a través de dos capas de tela para unirlas, manteniendo la misma distancia entre puntada y puntada. Se puede dejar el espacio que se quiera entre puntada y puntada. También se puede usar para hacer puntadas decorativas en una tela.

Mitumba
Término del suajili que designa las pacas de ropa vieja envueltas en plástico. Más información en www.fairwertung.de.

Mood board
Término inglés que hace referencia a una combinación deliberada de varias imágenes, objetos, retales, etc. dispuestos sobre un soporte.

Rediseño
Neologismo que viene a significar 'diseño inverso', es decir, transformar una prenda de vestir y usarla como origen para crear un nuevo diseño.

Upcycling
Transformación de prendas de ropa u otros objetos mediante la cual se consigue que el objeto resultante tenga más valor que el original.

Ropa *vintage*
Ropa confeccionada entre las décadas de los 20 y los 80.

AGRADECIMIENTOS

Con la publicación de este libro sobre el rediseño se hace realidad un sueño que me ha acompañado desde hace mucho tiempo. Y ahora que he llegado al final de este viaje, quiero dar las gracias a todas las personas que me han ayudado a hacerlo realidad.
En primer lugar quiero dar las gracias a Johannes, mi pareja, y a vosotros, Adrian y Marius, por haber estado a mi lado y haberme entendido incluso cuando he tenido que pasar horas y horas pegada a la máquina de coser y al portátil. Un abrazo a los tres. También merece un gracias con mayúsculas la fotógrafa y diseñadora gráfica Christina Diwold, que a partir de mis textos y mi ropa ha dado forma a este maravilloso libro y ha hecho las fantásticas fotos que dan vida a sus páginas. Gracias a las modelos Allegra, Lisi, Jacqui y Karin, por su personalidad y belleza, que han sacado a relucir lo mejor de mis prendas. A la editorial Haupt Verlag y a la editora Heidi Müller, gracias

por haber apostado por mi libro desde el principio y por haber confiado en mí.
Gracias también a Petra de la tienda sonis laden, y a Gerlinde y Birgit de Kraftstoff por escucharme hablar sobre mis diseños durante meses y por sus comentarios positivos. Y gracias por haberme dado la oportunidad de hacer fotos en vuestras tiendas tan especiales y utilizar el equipamiento.
También quiero agradecer a Monika Hochgatterer su gran apoyo en la redacción del capítulo sobre cómo hacer pequeños remiendos, y a Enrico Rima su aportación profesional al capítulo sobre moda ecológica. Y gracias a todas las mujeres que han participado en mis talleres, que me han ayudado a crecer y desarrollarme en los últimos años.
Gracias, cómo no, a todas las mujeres que a lo largo de los últimos meses y años han sabido aclararme preguntas importantes o me han ayudado a descubrir la respuesta por mí misma al verlas trabajar.
Y, por último, no tengo palabras para expresar lo agradecida que estoy a la naturaleza, por sus seres vivos, materiales, colores y estructuras que, para mí, son pura inspiración. Gracias también a todas aquellas personas que trabajan para proteger nuestro planeta y convertirlo en un lugar más ecológico y positivo.

Otros titulos de la colección GGDiY

99 ideas para reciclar tus jeans
Ellen Schultz, Faith Blakeney
y Justina Blakeney
17,5 × 16 cm, 224 páginas
ISBN: 9788425229046

99 ideas para reciclar tu foulard
Ellen Schultz, Faith Blakeney
y Justina Blakeney
17,5 × 16 cm, 208 páginas
ISBN: 9788425229053

99 ideas para reciclar tu T-shirt
Anka Livakovic, Ellen Schultz,
Faith Blakeney y Justina Blakeney
17,5 × 16 cm, 208 páginas
ISBN: 9788425229039

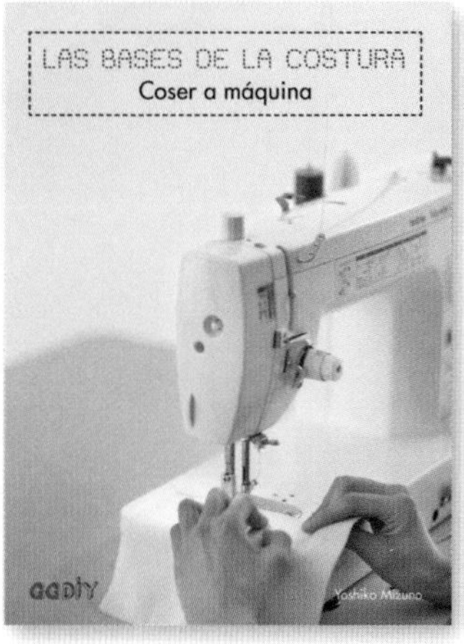

Costura sin patrones
Rosie Martin
21 × 24,5 cm, 208 páginas
ISBN: 9788425228896

Las bases de la costura. Coser a máquina
Yoshiko Mizuno
19 × 25,7 cm, 132 páginas
ISBN: 9788425228155

Principios básicos de costura
Carolyn N. K. Denham
13 × 18 cm, 160 páginas
ISBN: 9788425230721